Graded Chinese Reader 1000 Words

Selected Abridged Chinese Contemporary Short Stories

汉语分级阅读·1000词

史 迹 编著

Sinolingua
华语教学出版社

First Edition 2009
Revised Edition 2016
Fourth Printing 2019

ISBN 978-7-5138-0831-6
Copyright 2016 by Sinolingua Co., Ltd
Published by Sinolingua Co., Ltd
24 Baiwanzhuang Street, Beijing 100037, China
Tel: (86) 10-68320585 68997826
Fax: (86) 10-68997826 68326333
http://www.sinolingua.com.cn
E-mail: hyjx@sinolingua.com.cn
Printed by Beijing Xicheng Priting Co., Ltd

Printed in the People's Republic of China

目录
Contents

Preface

It is an established fact that reading practice is effective in improving one's proficiency in a foreign language. Thus, for students of Chinese as a foreign language, learning how to read Chinese is essential to the process of becoming familiar with Chinese words. To become effectively literate, students need to have a command of about 3000 to 5000 Chinese words. However, mastering such a large amount of Chinese vocabulary can be quite a significant burden. But, as I have seen, students are eager to read Chinese even with a limited knowledge of vocabulary. I once taught in the Chinese Department of Venice University and found that the students needed simple Chinese materials to improve their reading ability. This series, Graded Chinese Readers, is made up of such simple reading materials which have been specifically designed for students of Chinese as a foreign language to help them improve their reading comprehension. These materials can be useful both inside and outside of the classroom.

Readability and language practicability are characteristics of the simplified stories in this series, based on contemporary Chinese novels, some of which are prize-winning literary works. The stories describe Chinese people's lives and the various social changes that have occurred since the 1980s in China. By reading these literary works, students of Chinese as a foreign language can gain a better knowledge of the everyday lives of the Chinese people. In order to help readers have better comprehension of these works, each story has a "Guide to reading" which appears before the main text. Questions based on the texts and brief introductions of the authors are also included following the stories.

The series has already published *Graded Chinese Reader 500 Words, Graded Chinese Reader 1000 Words, Graded Chinese Reader 1500 Words, Graded Chinese Reader 2000 Words, Graded Chinese Reader 2500 Words, and Graded Chinese Reader 3000 Words.* In *Graded Chinese Reader 1000 Words,* six stories reflecting Chinese people's current lives have been selected from a range of contemporary stories written by celebrated authors, such as Chen Zhongshi, Zhang Jie and etc. The vocabulary is limited to about 1000 common Chinese words, which are mainly based on the 1200 Chinese words listed in the Chinese Proficiency Test Syllabus Level 4 (2010).

To satisfy readers' needs better, the compilers have adopted the following strategies: 1. In each story, words outside of these above mentioned categories, such as more advanced words, proper nouns, idioms, and complex sentence structures, are explained in notes on the side of each page along with some examples. 2. The most common words appear frequently in the text so that students can memorize them more efficiently. 3. The sentences are reasonably short, sentence structures are complete, complex sentences are avoided. 4. Pinyin is used so that students can easily master each word's pronunciation and be able to look each character up in a dictionary. 5. Each story has its own notes so that readers may choose whichever story they wish to read without having to refer to other stories' notes. 6. In order to improve students' listening comprehension, CDs in MP3 format are provided. 7. A pinyin-invisible card is designed specially for those who wish to read only the characters. 8. In addition, the stories are all illustrated with pictures, which will help students better understand the plot of each story. The main goal of the Graded Chinese Readers is to reduce the difficulty of Chinese reading for students.

During the compiling of this series, I have received help and support from many people and organizations. I would like to take this opportunity to thank the College of Foreign Languages of Southwest Jiaotong University and my publisher Sinolingua for their helpful support, Professor Abbiati Magda of the Chinese Department of Venice University for all the valuable ideas she gave me when I was preparing the series, all of the Chinese contemporary writers for their permission to adapt their works in the book, Fu Mei, Director of the Editorial Department and my editor Lu Yu, of Sinolingua, for their constructive suggestions and sincere help, my friends Peter Moon and Pat Burrows for their suggestions. I would also like to thank my readers and all of the many people who helped me, directly or indirectly, in the development of this series.

I sincerely welcome constructive criticism and helpful suggestions from both our esteemed colleagues and, of course, students of the Chinese language. We hope that this series, Graded Chinese Readers, will be helpful to all CFL students and readers.

The author can be contacted at: shiji0612@126.com.

Shi Ji

前　言

　　众所周知，通过阅读提高语言水平历来是被广为接受的、有效的语言学习途径。对于以汉语为外语的学生来说，通过汉语阅读来学习汉语词汇是非常重要的学习途径。通常情况下，要读懂一般的汉语材料，需要掌握3000至5000个汉语词汇。然而，外国学生要掌握3000个常用词难度非常大。但是学生们却渴望用他们有限的词汇进行汉语阅读。本人在威尼斯大学中文系任教期间，了解到学生们很需要这方面的阅读材料来提高他们的阅读能力。《汉语分级阅读》系列就是为世界各国汉语学习者编写的简易读本。《汉语分级阅读》系列的主要目的是帮助学生提高汉语阅读能力。该系列既可以作为课堂的汉语阅读教材，也可作为课外的汉语泛读材料。

　　《汉语分级阅读》系列所选的故事主要是中国当代作家的中短篇小说，有些是获奖作品。所选作品重点突出了作品的可读性和语言的实用性。通过阅读，学生可以在一定程度上了解现在中国人的生活，了解自20世纪80年代至今中国发生的各种社会变化。为了让学生更充分理解故事内涵，在阅读之前有英文的"阅读指导"，阅读之后有思考题和英文的作家介绍。

《汉语分级阅读》系列共6册,包括《汉语分级阅读·500词》、《汉语分级阅读·1000词》(原名《汉语分级阅读3》)、《汉语分级阅读·1500词》、《汉语分级阅读·2000词》(原名《汉语分级阅读1》)、《汉语分级阅读·2500词》和《汉语分级阅读·3000词》(原名《汉语分级阅读2》)。本书《汉语分级阅读·1000词》的故事选自中国当代著名作家陈忠实、张洁等的六篇反映当代中国人生活的小说。《汉语分级阅读·1000词》的词汇量限定在1000个汉语常用词,主要根据《新汉语水平考试大纲HSK》(2010)四级限定的1200词进行编写。

　　为满足读者需要,《汉语分级阅读》在编写过程中进行了精心设计:①对每篇故事中超出上述词汇以外的词、难词、专有名词、俗语及难句都进行了旁注,一些常用词给出了例句。②尽量增加常用词的复现率,以此增强读者对汉语常用词的理解与记忆。③句子力求简短,结构完整,尽量避免结构复杂的长句。④故事正文均配上拼音,使学生尽可能地通过读音记忆词义和查阅词典。⑤为方便读者能够按自己的兴趣任意挑选某篇故事去阅读,注释都是以单篇故事为单位重复出现的。⑥为提高学生的听力水平,本书配有MP3格式的CD光盘。⑦为适应学生的不同需求,本书配有可以隐去拼音的拼音隐形卡。⑧除此之外,每篇故事还配有插图,以帮助学生更直观地了解故事内容。《汉语分级阅读》的编写宗旨是进一步降低汉语阅读的难度，帮助学生提高汉语阅读和汉语听力的水平。

《汉语分级阅读》系列的编写得到各界人士的关心和支持。非常感谢西南交通大学外语学院的领导和华语教学出版社的支持；感谢威尼斯大学中文系 Abbiati Magda 教授对本书的关心和指导；感谢为本书提供作品的当代作家们；感谢华语教学出版社编辑部主任付眉及编辑陆瑜对本书提出的宝贵意见和热情帮助；感谢朋友 Peter Moon 和 Pat Burrows 提出宝贵意见；感谢读者对《汉语分级阅读》系列的厚爱和提出的宝贵意见；感谢曾经以不同方式直接或间接帮助我完成本书的所有朋友们。对于你们的帮助，本人在此谨表示衷心的谢意。

我真诚希望《汉语分级阅读》系列能成为世界各国汉语学习者的良师益友，并希望广大读者和同人不吝赐教。

作者邮箱：shiji0612@126.com

史迹

Yī , Yè Zhī Suíxiǎng Qǔ
一、夜之随想曲

Yuánzhù: Chén Zhōngshí
原著：陈 忠实

一、夜之随想曲

Guide to reading:

This story was written by Chen Zhongshi (陈忠实),
a famous contemporary writer. It tells that at a beautiful
night two friends are sitting by a river enjoying the quiet
night in the countryside. However, their perspectives are
quite different because of their different lifestyles and back-
grounds. The narrator, I, lives in the countryside while he
only comes to the countryside to work for a short time. I am
sincere and simple, and feels that life is hard in the coun-
tryside. He seems impractical and hypocritical, and feels
life in the countryside is poetic. He, from the city, sees
only the quietness, fresh air and fresh fruits in the coun-
tryside, and regrets that his granddaughter cannot have all
these. It seems that he is tired of the noise and pollution of
city life. However, during their conversation he does not
seem to either notice, or care, that his friend has difficulty
in supporting his family in the countryside. The question is
whether he is really tired of city life or not. From his words,
what he cares for is his own life, his granddaughter, and his

high position. That is why I feel a sense of loss during the conversation. The story reflects the gap between country-side and urban life. City people only see the quiet life, the fresh fruits and fresh air in the countryside, but they are not concerned about the hard life there. What they want is to spend time in the countryside just for a change.

故事正文：

Wǒ shì xiāngxiàrén， tā shì chénglǐrén。 Wǒmen
我是乡下人，他是城里人。我们

rènshile hěn duō nián， suànshì lǎo péngyou le。 Tā
认识了很多年，算是老朋友了。他

dào xiāngxià lái le。 Wǒ hé tā zuò zài xiǎo hé biān
到乡下来了。我和他坐在小河边

shang。
上。

Zài jìngjìng de yèwǎn li， yuèliang gāogāo de
在静静的夜晚里，月亮高高地

guà zài tiānkōng。 Yì tiáo tiáo xìxì de liǔzhī¹ zài
挂在天空。一条条细细的柳枝¹在

wǒmen miànqián qīngqīng de bǎidòng。
我们面前 轻轻地摆动。

" Kōngqì duō hǎo a！ " Tā bǎ shǒu fàng zài
"空气多好啊！"他把手放在

héshuǐ li， ránhòu bǎ shǒu ná qǐlái， shǒu shang de
河水里，然后把手拿起来，手 上的

shuǐ diàojìn hé li。 Tā xiàng gè xiǎoháir， wánzhe
水掉进河里。他像个小孩儿，玩着

shuǐ。 Tā táiqǐ tóu， xīnqíng yúkuài de shuō：" Zài
水。他抬起头，心情愉快地说："在

zhèlǐ néng hūxī² xīnxiān kōngqì， xiāngxiàrén bǐ
这里能呼吸²新鲜空气，乡下人比

chénglǐrén fùyǒu³ a！ "
城里人富有³啊！"

Wǒ hěn zìháo⁴。 Wǒ shēnghuó zài xiāngxià， hěn
我很自豪⁴。我生活在乡下，很

1 柳枝: dripping willow twig
2 呼吸: to breathe
3 富有: wealthy
4 自豪: be proud

yuànyì tīngdào biérén shuō xiāngxia hǎo, yóuqí shì
愿意听到别人说乡下好，尤其是

chénglǐrén duì xiāngxia de zànměi. Tīngdào zhèxiē
城里人对乡下的赞美。听到这些

zànměi, wǒ gǎndào hěn zìháo.
赞美[1]，我感到很自豪。

"Zhè shuǐ duō hǎo a！" Tā de shēngyīn hěn
"这水多好啊！"他的声音很

jīdòng, "Yuèliang, yuèsè li de héshuǐ, tài
激动[2]，"月亮，月色里的河水，太

měi le！" Tā xiàng yí wèi shīrén, zànměile
美了！"他像一位诗人，赞美了

kōngqì, yòu zànměi héshuǐ, zànměi yuèliang.
空气，又赞美河水，赞美月亮。

Suīrán xiāngxia de zhè yíqiè wǒ yǐjing xíguàn
虽然乡下的这一切我已经习惯

le, dànshì xiànzài, zài péngyou de yǐngxiǎng xià,
了，但是现在，在朋友的影响下，

wǒ gèngjiā gǎndào zìháo le — Zhè shì yīnwèi wǒmen
我更加感到自豪了——这是因为我们

xiāngxiarén néng xiǎngshòu dào zìrán de měi！
乡下人能享受[3]到自然的美！

Tā yáoyao tóu, tā de tóufa yǐjing bái le hěn
他摇摇头，他的头发已经白了很

duō. Tā gǎntànzhe shuōdào："Wǒ nà xiǎo sūnnǚ,
多。他感叹[4]着说道："我那小孙女[5]，

dōu bā suì le, hái méiyǒu jiànguo héshuǐ, méiyǒu
都八岁了，还没有见过河水，没有

wánguo shāzi. Yí dào xīngqīrì, tā jiù yào wǒ dài
玩过沙子[6]。一到星期日，她就要我带

1 赞美: praise
2 激动: be excited
3 享受: to enjoy
4 感叹: sigh with emotion
5 孙女: granddaughter
6 沙子: sand

tā qù gōngyuán, gōngyuán li dàochù dōu shì jiǎ shān
她去公园，公园里到处都是假¹山

jiǎ shuǐ。 Kěshì tā yí jìn gōngyuán, jiù gāoxìng de pǎo
假水。可是她一进公园，就高兴得跑

a, tiào a！ Wǒ kànzhe zhēn nánshòu！ Zhèxiē jiǎ
啊，跳啊！我看着真难受！这些假

shān jiǎ shuǐ … nǎ yǒu zhè dàzìrán de héshuǐ měi
山假水……哪有这大自然的河水美

a！ Wǒ de sūnnǚ yàoshi dào zhèlǐ lái wánr,
啊！我的孙女要是到这里来玩儿，

bù zhīdào huì zěnme gāoxìng li！"
不知道会怎么高兴哩！"

"Nà nǐ bǎ sūnnǚ dài dào xiāngxia lái ya！ Ràng
"那你把孙女带到乡下来呀！让

háizi zài xiāngxia wánr wánr duō hǎo a！" Wǒ
孩子在乡下玩儿玩儿多好啊！"我

rèqíng de yāoqǐng.
热情地邀请。

Tā shuō："Wǒ qiántiān lái de shíhou, sūnnǚ
他说："我前天来的时候，孙女

jiù yào gēn wǒ lái, wǒ yě xiǎng dài tā lái。 Tā
就要跟我来，我也想带她来。她

nǎinai gěi tā shōushi hǎo le yīfu, tā māma
奶奶给她收拾好了衣服，她妈妈

yě mǎile xǔduō chī de dōngxi, nǎifěn, táng,
也买了许多吃的东西，奶粉、糖、

dàngāo, qiǎokèlì², hē ya, zhuāngle yí
蛋糕、巧克力²，嗬呀，装了一

dà bāo。 Jiéguǒ ne？ Wǒ dàizhe sūnnǚ yào xià
大包。结果呢？我带着孙女要下

1 假: artificial
2 奶粉、糖、蛋糕、巧克力: milk powder, candy, cake, chocolate

楼了，她妈妈突然说：'孩子病了
可怎么办？乡下人没有讲卫生的
习惯，孩子是很难习惯的。我下乡
的时候，头一个星期，就病了，我
也就……'我想让孩子到乡下来
呼吸新鲜空气，可是怕乡下条件不
好，孩子生病，这个问题没有办法
解决。"

听了他的话，我不知道该说
什么了。乡下这么美，空气新鲜，
这对身体健康有好处。可是城里人
担心卫生条件不好，怕生病，不敢
来乡下。听了他的话，我能说什么
呢，我心里觉得很不舒服。

"孩子的抵抗力[1]差呀！"他

1 抵抗力: resistance

jiēzhe shuō .
接着说。

Wǒ zhǐhǎo diǎndiǎntóu , shuō : " Shì zhèyàng de . "
我只好点点头，说："是这样的。"

Tā tànle kǒu qì , shuōdào : " Chéng li
他叹了口气¹，说道²："城里

de háizi zhēn kělián ! Chībushàng rènhé xīnxiān de
的孩子真可怜³！吃不上任何新鲜的

dōngxi . Xīnxiān niúnǎi ne ? Méiyǒu . Nǎifěn nǎ yǒu
东西。新鲜牛奶呢？没有。奶粉哪有

xīnxiān niúnǎi hǎo a ! Píngguǒ yě shì fàngle hěn jiǔ
新鲜牛奶好啊！苹果也是放了很久

de , yìdiǎnr yě bù xīnxiān le ! Xīhóngshì dàole
的，一点儿也不新鲜了！西红柿到了

chéng li , yě dōu huài le ! Mǐ 、 miàn yě shì fàngle
城里，也都坏了！米、面也是放了

hěn jiǔ de le . Wǒ zài fángdōng jiā li , kànjiàn
很久的了。我在房东⁴家里，看见

nǚ fángdōng měi tiān zǎoshang , wǎnshang dōu yào gěi sūnzi
女房东每天早上、晚上都要给孙子

jǐ yángnǎi , duō xīnxiān a ! Xīhóngshì gāngcóng dì
挤羊奶，多新鲜啊！西红柿刚从地

li ná huílái de , duōme xīnxiān a … Wǒ yì
里拿回来的，多么新鲜啊……我一

xiǎngdào wǒ de xiǎo sūnnǚ , jiù juéde tā fēicháng
想到我的小孙女，就觉得她非常

kělián ! Shénme hǎo dōngxi yě chībushàng … "
可怜！什么好东西也吃不上……"

Wǒ diǎndian tóu , xiǎng shuō diǎn shénme , kěshì
我点点头，想说点什么，可是

1 叹了口气: have a sigh
2 说道: to say, to state
3 可怜: pitiful
4 房东: landlord

wǒ bù zhīdào gāi shuō shénme , zhǐshì xiàole xiào .
我不知道该说什么，只是笑了笑。

Wǒ huíyì qǐ shí duōnián yǐqián de shìqing . Wǒ
我回忆起十多年以前的事情。我

hé tā zhù zài yí gè cūnzi li , zuò jiàoyù nóngmín
和他住在一个村子里，做教育农民

de gōngzuò . Nà shíhou tā shì gōngzuò zǔzhǎng ,
的工作。那时候他是工作组长[1]，

wǒ shì zǔyuán . Wǒmen zài yìqǐ gōngzuòle bàn gè
我是组员[2]。我们在一起工作了半个

duō yuè . Wǒ liǎojiě yìxiē tā de qíngkuàng . Nà
多月。我了解一些他的情况。那

shíhou tā shì yí wèi lǐngdǎo . Tā dào nóngcūn lái gàn
时候他是一位领导[3]。他到农村来干

gōngzuò , jiù zhù zài nóngcūn . Wǒ hěn gāoxìng gēn tā
工作，就住在农村。我很高兴跟他

yìqǐ gōngzuò , yìqǐ zhù . Zài wǒ de yǎn li ,
一起工作，一起住。在我的眼里，

tā shì wǒ jiàndào de zuì dà de yí wèi lǐngdǎo . Wǒ
他是我见到的最大的一位领导。我

de gōngzī shì sānshíjiǔ yuán yí gè yuè , ér tā
的工资是三十九元一个月，而他

de gōngzī dàgài shì yìbǎi bāshí yuán yí gè yuè .
的工资大概是一百八十元一个月。

Xiǎngxiang kàn , tā yào bǐ wǒ de zīgé gāo chū duō
想想看，他要比我的资格[4]高出多

yuǎn a ! Tā de gōngzī bǐ wǒ gāo sì-wǔ bèi ne .
远啊！他的工资比我高四五倍[5]呢。

Wǒ yǒu sān gè háizi , wǒ de lǎopo shì yí gè
我有三个孩子，我的老婆是一个

1 组长: group leader
2 组员: member of the group
3 领导: leader
4 资格: credentials
5 高四五倍: four or five times higher than …

nóngmín， méiyǒu gōngzī．
农民，没有 工资。我父母亲的身体

suīrán hěn hǎo， dànshì niánjì dà le， gànbuliǎo
虽然很好，但是年纪大了，干不了

duōshao nónghuór． Wǒmen nàr de yí gè nóngmín
多少农活儿。我们那儿的一个农民

gàn yì tiān de nónghuór cái sì jiǎo qián， wǒ cónglái
干一天的农活儿才四角钱[1]，我从来

yě bùgǎn yòng sānshíjiǔ yuán de gōngzī qù gěi
也不敢用三十九元的工资去给

fùmǔqīn， gěi háizimen mǎi tāmen xǐhuan chī de
父母亲、给孩子们买他们喜欢吃的

dōngxi． Wǒ xiǎngle yíqiē bànfǎ jiéyuē měi yì fēn
东西。我想了一切办法节约每一分

qián qù mǎi liángshi． Wǒmen de liángshi zǒngshì bú
钱去买粮食[2]。我们的粮食总是不

gòu chī， wǒ néng ràng lǎorén hé háizi chībǎo fàn，
够吃，我能让老人和孩子吃饱饭，

yǐjīng shì hěn bù róngyì le．
已经是很不容易了。

Xiànzài tā zài chéng li shēnghuó， shēnghuó
现在他在城里生活，生活

shūfu， tā yīnggāi shì hěn mǎnzú de． Kěshì zài
舒服，他应该是很满足的。可是在

měilì de xiàtiān yèli， zài měilì de dàzìrán
美丽的夏天夜里，在美丽的大自然

li， tā wèi tā de xiǎo sūnnǚ bù néng hūxī xīnxiān
里，他为他的小孙女不能呼吸新鲜

kōngqì， bù néng chī xīnxiān shuǐguǒ， bù néng hēdào
空气、不能吃新鲜水果、不能喝到

1 干一天的农活儿才四角钱: earning forty cents by doing farm work for a whole day
干农活儿: do farm work
2 粮食: grain, food

xīnxiān niúnǎi ér shēnshēn gǎntàn . Wǒ tūrán xiǎngchū
新鲜牛奶而深深感叹。我突然想出

yì tiáo rénshēng de zhélǐ ： Rén yǒngyuǎn dōu shì bú
一条人生的哲理[1]：人永远都是不

huì mǎnzú de .
会满足的。

Tā kěnéng kàndào wǒ zài sīkǎo , méiyǒu
他可能看到我在思考，没有

shuōhuà , tā xiàozhe duì wǒ shuō：" Nǐ néng zài
说话，他笑着对我说："你能在

nóngcūn gōngzuò , tài hǎo le ! Wǒ jiù xǐhuan
农村工作，太好了！我就喜欢

nóngcūn , suǒyǐ zhè cì xiàxiāng , shì wǒ zìjǐ tí
农村，所以这次下乡，是我自己提

chūlái de . Chéng li méi shénme hǎo de . Nǐ yào
出来的。城里没什么好的。你要

jìzhù wǒ de huà , búyào jìn chéng gōngzuò ! "
记住我的话，不要进城工作！"

Wǒ diǎndian tóu , xiàoxiao , shuō：" Wǒ xiǎng
我点点头，笑笑，说："我想

jìn chéng , yě jìnbuqù . Wǒ shì yí gè shuǐlì
进城，也进不去。我是一个水利

jìshùyuán , dào chéng li méiyǒu gōngzuò gàn ya !
技术员[2]，到城里没有工作干呀！

Zài shuō , wǒ nà diǎnr gōngzī , zài xiāngxia hái néng
再说，我那点儿工资，在乡下还能

chībǎo fàn , dào chéng li kě jiù méi fǎ …… "
吃饱饭，到城里可就没法……"

" Nǐ gōngzuò jǐ nián le ? " Tā guānxīn de wèn .
"你工作几年了？"他关心地问。

1 人生的哲理：philosophy of life
2 水利技术员：technician of water conservancy

"Wǒ liù líng nián cóng shuǐlì xuéxiào bìyè,
"我 六〇 年 从 水利 学校 毕业，

dào xiànzài yǐjǐng gōngzuòle hěn duō nián le, kěshì
到 现在 已经 工作了 很 多 年 了， 可是

gōngzī háishi zhǐyǒu jǐshí kuài qián." Wǒ de huà
工资 还是 只有 几十 块 钱。" 我 的 话

hǎoxiàng shì zài bàoyuàn.
好像 是 在 抱怨。

"Gōngzī shì dī xiē." Tā ānwèi wǒ
"工资 是 低 些。" 他 安慰[1] 我

shuō, ránhòu jiù duì wǒ jìnxíng chuántǒng jiàoyù
说， 然后 就 对 我 进行 传统 教育

le, "Wǒ cānjiā gémìng de shíhou, méiyǒu
了，"我 参加 革命[2] 的 时候， 没有

gōngzī, zhàoyàng nǔlì gōngzuò! Gāng jiěfàng
工资， 照样[3] 努力 工作！ 刚 解放[4]

de shíhou, wǒ yě méiyǒu gōngzī, háishi nǔlì
的 时候， 我 也 没有 工资， 还是 努力

gōngzuò, gàn gémìng ma, bù néng zǒngshì xiǎng zìjǐ
工作， 干 革命 嘛， 不能 总是 想 自己

de kùnnan!"
的 困难！"

Tā de zhèxiē huà hǎoxiàng zài jiàoyù wǒ yào
他 的 这些 话 好像 在 教育 我 要

nǔlì gōngzuò, búyào zǒngshì kǎolù zìjǐ. Wǒ
努力 工作， 不要 总是 考虑 自己。 我

xīnli bú yuànyì jiēshòu zhèyàng de jiàoyù. Wǒ
心里 不 愿意 接受 这样 的 教育。 我

zhīdào, tā zài wǒ zhège niánjì de shíhou, yǐjǐng
知道， 他 在 我 这个 年纪 的 时候， 已经

1 安慰: to comfort

2 革命: revolution

3 照样: in the same old way; as usual

4 解放: It refers to 1949 when the PRC was founded.

shénme dōu yǒu le , jiā li hái qǐngle bǎomǔ . Tā
什么 都有了，家里还请了保姆 [1]。他

yǐjīng bù xūyào shénme dōngxi le . Xiànzài tā gèng
已经不需要什么东西了。现在他更

bù xūyào shénme le . Kěshì tā háishi bù mǎnzú ,
不需要什么了。可是他还是不满足，

yīnwèi tā de sūnnǚ kànbujiàn dàzìrán de zhēn
因为他的孙女看不见大自然的真

shān hé zhēn shuǐ , bù néng hūxī xiāngxia xīnxiān de
山和真水，不能呼吸乡下新鲜的

kōngqì , chībudào shù shang de xīnxiān píngguǒ ,
空气，吃不到树上的新鲜苹果，

suǒyǐ tā háishi bù mǎnzú !
所以他还是不满足！

" Kōngqì duō hǎo a ! " Tā zhàn qǐlái .
"空气多好啊！"他站起来。

" Kōngqì … shì hǎo a ! " Wǒ yě zhàn
"空气……是好啊！"我也站

qǐlái . Wǒmen cóng hé biān zǒu guòqù , zài tiányě
起来。我们从河边走过去，在田野 [2]

xiǎo lù shang mànmān de sànbù .
小路上 慢慢地散步。

Tā yòu shuōdào : " Wǒ de xiǎo sūnnǚ yàoshi
他又说道："我的小孙女要是

gēnzhe wǒ lái xiāngxia , gāi duō hǎo ! "
跟着我来乡下，该多好！"

Wǒ gùyì de shuō : " Nǐ dài yí gè yīshēng lái
我故意地说："你带一个医生来

ma ! "
嘛！"

1 保姆: housemaid
2 田野: field

Tā hāhā yí xiào, shuō: "Bùxíng, wǒ de
他哈哈一笑，说："不行，我的

zīgé bú gòu yo！"
资格不够哟！"

Wǒ xiǎng shuō, yí gè yuè gōngzī bǐ wǒ duō
我想说，一个月工资比我多

sì-wǔ bèi de rén, hái duì wǒ shuō zhèxiē, tā
四五倍的人，还对我说这些，他

zěnme néng dédào wǒ de rèqíng huídá ne？Tā
怎么能得到我的热情回答呢？他

yìbiān bàoyuàn zìjǐ de xiǎo sūnnǚ chībushàng xīnxiān
一边抱怨自己的小孙女吃不上新鲜

shuǐguǒ hé niúnǎi, yìbiān yòu jiàoyù wǒ jiānkǔ
水果和牛奶，一边又教育我艰苦

fèndòu, jìchéng chuántǒng … Kě wǒ de háizi lián
奋斗，继承传统[1]……可我的孩子连

gè píngguǒ yě chībudào zuǐ li. Shēnghuó shang de
个苹果也吃不到嘴里。生活上的

chājù zhème dà, dāng wǒ zhèyàng de bàba, wǒ
差距这么大，当我这样的爸爸，我

yòu shì shénme xīnqíng ne！Tā rènwéi jiānkǔ fèndòu
又是什么心情呢！他认为艰苦奋斗

de chuántǒng, hǎoxiàng zhǐ xūyào wǒ lái jìchéng, tā
的传统，好像只需要我来继承，他

bú bì zài jiānkǔ fèndòu le … Tā bù lǐjiě rénmen
不必再艰苦奋斗了……他不理解人们

zài nóngcūn shēnghuó de jiānnán. Tā de zhèxiē huà ràng
在农村生活的艰难。他的这些话让

rén gǎndào yǒudiǎnr xūwěi！
人感到有点儿虚伪[2]！

1 艰苦奋斗，继承传统: work hard and inherit tradition

2 虚伪: hypocritical

"我一定要小孙女的奶奶和妈妈
同意她到乡下来，看看真山真水，
呼吸新鲜空气。不考虑卫生条件
了。"他在夏夜的空气中又一次低
声说着，好像下了最后的决心。

我对他，对这位城里人说："你
再晚一点儿带孙女到乡下来吧。
那时候，村子里的苹果熟了，很
新鲜……"

"对啊，这是个好主意！"他
高兴地点点头，他还以为我说的是
真心话……他不理解我，因为他不
了解我的生活困难。这就是城里人
对乡下生活和城里生活的不同
感受吧！

This story is a simplified version of Chen Zhongshi's short story 夜之随想曲 (*Reflections on the Night*), which is included in 陈忠实文集 (Chén Zhōngshí Wénjí, *Collected Works of Chen Zhongshi*).

About the author Chen Zhongshi（陈忠实）:

Chen Zhongshi is one of the most well-known Chinese writers today. At present he is the vice chairman of the China Writers' Association and honorary chairman of the Shaanxi Writers' Association. He was born in Xi'an in 1942 and began to publish his works in 1965. He has been granted various awards, including the National Short Story Award of China (1979) for his short story 信任 (Xìnrèn, *Trust*), and the National Reportage Award of China (1990-1991) for 渭北高原 (Wèi Běi Gāoyuán, Weibei *Plateau*), 关于一个人的记忆 (Guānyú Yí Gè Rén De Jìyì, Memory *About a Man*). In 1993, he published his well-known novel 白鹿原 (Bái Lù Yuán, *White Deer Plain*), which won the Fourth Mao Dun National Literature Award (1998). This novel is regarded as a masterpiece of contemporary literature in China, depicting Chinese national history as well as a family history. It embodies a rich Chinese culture and complex historical characters, and has been adapted for a picture book, a drama, TV series, and Shanxi Opera. Since 1979, Chen Zhongshi has published nine novellas, about 80 short stories, and several other literary works, including a collection of his short stories 乡村 (Xiāngcūn, *Village*) and of his novellas 初夏 (Chū Xià, *Early Summer*), etc. Some of his works have been translated into English, Japanese, Korean, Vietnamese, and other languages. He is an influential contemporary writer.

思考题：

1. 乡下的夜晚让"他"想到了什么？
2. "我"想到了什么？
3. 城里人和乡下人的生活差距是什么？
4. "他"了解乡下人生活的艰难吗？
5. "我"是真的欢迎"他"来乡下吗？为什么？

for E-book

Èr、 Shéi Shēnghuó De Gèng Měihǎo

二、谁生活得更美好

Yuánzhù：Zhāng Jié

原著：张洁

二、谁生活得更美好

Guide to reading:

This story was written by the highly regarded modern writer Zhang Jie (张 洁). It takes place in Beijing around 1979 and reflects the lives and spiritual pursuits of common people. A young and pretty female conductor on the plate No. 1176 bus, is warm, polite, and serious in her job. Her beauty attracts a number of young men. Among them are two who treat her differently, one is called Shi Yanan (施 亚 男) and the other is Wu Huan (吴 欢). They both have favorable living conditions and feel superior to others. They make a return trip in this bus every day. Shi and Wu are curious about the girl and her work. Wu sometimes helps her and sometimes offends her, but whatever he does, the girl is always polite and humble. Gradually Shi comes to respect her more and more, while Wu wants to demonstrate his superiority and thus hurts her. However, none of this influences the girl and her work. In time Shi finds that the girl is pure, honest, and noble, with a mind capable of writing beautiful poetry. In contrast, both he and his friend seem small and mean. Finally, he realizes that the girl has a nobler mind than both of them, but Wu Huan still indulges in self admiration. The story reveals that happiness and dignity in life depends on one's spiritual nature, not on material possessions and superficiality.

故事正文：

Běijīng yǒu yí liàng gōnggòng qìchē. Zhè
北京有一辆公共汽车。这

liàng gōnggòng qìchē de chēpáihào shì yī yī qī liù.
辆公共汽车的车牌号¹是1176。

Yī yī qī liù hào gōnggòng qìchē de shòupiàoyuán huàn le,
1176号公共汽车的售票员换了,

huànle yí gè niánqīng piàoliang de nǚ shòupiàoyuán.
换了一个年轻漂亮的女售票员。

Zhège shòupiàoyuán gūniang gèzi bù gāo, hěn
这个售票员姑娘个子不高, 很

shòu, hěn piàoliang. Yǒu shíhou chē shang de rén hěn
瘦, 很漂亮。有时候车上的人很

duō, hěn jǐ, tèbié shì shàng bān hé xià bān de
多, 很挤, 特别是上班和下班的

shíjiān. Shòupiàoyuán yào zài rénmen zhōngjiān jǐlái
时间。售票员要在人们中间挤来

jǐqù de mài piào, xià chē shí yào shōu piào,
挤去²地卖票, 下车时要收票,

chá yuèpiào, qìchē dào zhàn de shíhou, yào hǎn
查月票³, 汽车到站的时候, 要喊

chēzhàn de míngzi, hái yào zhàogù lǎorén, xiǎoháir
车站的名字, 还要照顾老人、小孩儿

shàng chē hé xià chē. Shòupiàoyuán de gōngzuò zhēnshi
上车和下车。售票员的工作真是

hěn máng, hěn lèi.
很忙, 很累。

Yǒu yìxiē xiǎohuǒzi jīngcháng zuò yī yī qī liù hào
有一些小伙子⁴经常坐1176号

1 **车牌号**: plate number
2 **挤来挤去**: to jostle; to mill about
3 **月票**: monthly ticket
4 **小伙子**: young man; guy
e.g 小伙子们和姑娘们正在跳舞。

gōnggòng qìchē ． Yǒu liǎng gè xiǎohuǒzi duì zhège
公共汽车。有两个小伙子对这个

piàoliang de shòupiàoyuán hěn gǎn xìngqù ． Tāmen yí
漂亮的售票员很感兴趣[1]。他们一

gè jiào Shī Yànán ， yí gè jiào Wú Huān 。 Dāng tāmen
个叫施亚男，一个叫吴欢。当他们

kàndào shòupiàoyuán gūniang zài rénmen zhōngjiān jǐlái
看到售票员姑娘在人们中间挤来

jǐqù mài piào de shíhou ， Shī Yànán hěn dānxīn ：
挤去卖票的时候，施亚男很担心：

Rénmen huì bu huì bǎ tā jǐhuài le ？ Wú Huān xīnli
人们会不会把她挤坏了？吴欢心里

yě xiǎng ： Duō mài yì zhāng piào 、 shǎo mài yì zhāng piào
也想：多卖一张票、少卖一张票

yòu zěnmeyàng ？ Hébì zhème rènzhēn ？
又怎么样？何必[2]这么认真？

Zhège shòupiàoyuán hǎoxiàng zǒngshì zài xiào 。 Tā
这个售票员好像总是在笑。她

de yǎnjing hěn měi ， hǎoxiàng zǒngshì zài sīkǎozhe
的眼睛很美，好像总是在思考着

shénme ．
什么。

Zài gōnggòng qìchē shang ， tā shuōhuà hěn yǒu
在公共汽车上，她说话很有

lǐmào 。 Tā nà shuāng měilì de yǎnjing zǒngshì kànzhe
礼貌。她那双美丽的眼睛总是看着

nǐ ， rèqíng de wèn nǐ qù nǎr ， mǎi bu mǎi piào ．
你，热情地问你去哪儿，买不买票。

Bùguǎn guā duōme dà de fēng ， xià duōme dà de yǔ ，
不管刮多么大的风，下多么大的雨，

1 对…感兴趣: be in-
terested in …
e.g.他对这本书很感
兴趣。

2 何必: (used in rhe-
torical questions)
there is no need
e.g.我们都是好朋友，
何必这么客气!

她从来都是认真地工作。汽车到站
了，她总是下车收票，还用她那小
小的手，推着上车的人们，帮着
他们挤上汽车。

现在春天刚刚到来，天气还很
冷，人们还穿着冬天的衣服。可是
售票员姑娘在车上忙着卖票，
一点儿也不觉得冷，可爱的小鼻子
上还带着细小的汗珠[1]，有时她的
头发掉下来挡住[2]了眼睛。施亚男
心里想，如果她的熟人看到了，
也许会帮她把头发弄一弄。

在她面前，小伙子们不知道为
什么会感到紧张、不好意思[3]。只有
吴欢不紧张。他在车上跟朋友们

1 汗珠: beads of sweat
2 挡住: to block, to cover
3 不好意思: shy, embarrassed
e.g. 他不好意思在很多人面前唱歌。

shuōshuōxiàoxiào . Tā kànjiàn yí gè gāngcóng qìchē
说 说 笑 笑 。 他 看 见 一 个 刚 从 汽 车

hòumén shàng chē de xiǎohuǒzi , duì tā de péngyou
后 门 上 车 的 小 伙 子 ， 对 他 的 朋 友

shuō : " Nǐmen kàn nàge xiǎo pǐzi shēn shang nà
说 ："你 们 看 那 个 小 痞 子 [1] 身 上 那

jiàn xīzhuāng , kěnéng shì gāngcóngshāngdiàn mǎilái de jiù
件 西 装 ， 可 能 是 刚 从 商 店 买 来 的 旧

yīfu , zhēn nánkàn ! "
衣 服 ， 真 难 看 ！ "

Jǐ gè xiǎohuǒzi xiào le , shòule Wú Huān de
几 个 小 伙 子 笑 了 ， 受 了 吴 欢 的

yǐngxiǎng , tāmen hǎoxiàng yě bù jǐnzhāng le . Tāmen
影 响 ， 他 们 好 像 也 不 紧 张 了 。 他 们

gǎnxiè Wú Huān shuō de xiàohuà .
感 谢 吴 欢 说 的 笑 话 。

Shī Yànán cháo shòupiàoyuán gūniang kànle yì
施 亚 男 朝 售 票 员 姑 娘 看 了 一

yǎn . Tā shénme yě méiyǒu tīngjiàn , mángzhe mài piào ,
眼 。 她 什 么 也 没 有 听 见 ， 忙 着 卖 票 ，

shǔqián , zhǎolíngqián . Tā dàizhe de nà shuāng shǒutào
数 钱 ， 找 零 钱 。 她 戴 着 的 那 双 手 套 [2]

kàn shàngqù hěn jiù , yǒu de dìfang yǐjīng pò le ,
看 上 去 很 旧 ， 有 的 地 方 已 经 破 了 ，

lùchūle tā xìxì de shǒuzhǐ .
露 [3] 出 了 她 细 细 的 手 指 。

Wú Huān yě kànle shòupiàoyuán gūniang yì yǎn .
吴 欢 也 看 了 售 票 员 姑 娘 一 眼 。

Shī Yànán hé Wú Huān dōu shì búcuò de
施 亚 男 和 吴 欢 都 是 不 错 的

1 小痞子: local bul-
lies
2 手套: gloves
3 露: to show, to re-
veal

小伙子。他们在工厂工作。

工厂里的年轻人有几种。有一

种年轻人是小痞子，穿着奇怪的

衣服，生活得很随便，经常跟

姑娘乱开玩笑。还有一些年轻人是

"小市民[1]"。他们对生活小事感

兴趣。

施亚男这些小伙子比那些"小

痞子"和"小市民"好多了。他们

喜欢读书，经常在一起谈论哲学，

弹吉他[2]，听音乐。他们还喜欢看

电影什么的。他们的生活条件好，

生活舒服。他们觉得他们比小痞子

和小市民有知识，有思想，生活也

比他们有意义。

1 小市民: philistine
2 谈论哲学，弹吉他:
talk about philosophy
and play the guitar

Wú Huān jīngcháng názhe yì běn zhéxué shū, kàn
吴欢经常拿着一本哲学书，看
shàngqù tā hǎoxiàng tèbié xǐhuan zhéxué. Rénmen
上去他好像特别喜欢哲学。人们
bù zhīdào, Wú Huān xǐhuan dú nàxiē shū, zhǔyào
不知道，吴欢喜欢读那些书，主要
shì yīnwèi nàxiē shū nán dǒng! Tā dú nán dǒng de
是因为那些书难懂！他读难懂的
shū, rénmen huì rènwéi tā liǎobuqǐ, hěn yǒu
书，人们会认为他了不起¹，很有
zhīshi. Tā hǎoxiàng duì gè zhǒng shì dōu bù gǎn
知识。他好像对各种事都不感
xìngqù, duì shénme dōu bù guānxīn. Méiyǒu shénme shì
兴趣，对什么都不关心。没有什么事
néng gǎibiàn tā de shēnghuó tàidù, ràng tā shuìbuzháo
能改变他的生活态度，让他睡不着
jiào, chībuxià fàn. Rúguǒ Shī Yànán kànle yí
觉，吃不下饭。如果施亚男看了一
gè hǎo diànyǐng, fēicháng jīdòng, Wú Huān jiù huì
个好电影，非常激动，吴欢就会
duì tā shuō: "Hébì nàme rènzhēn!" Tā hǎoxiàng
对他说："何必那么认真！"他好像
shìjiè shang de shì dōu zhīdào, méiyǒu shénme shì ràng
世界上的事都知道，没有什么事让
tā gǎndào jīdòng. Tā juéde tā shénme dōu dǒng,
他感到激动。他觉得他什么都懂，
biérén dōu bùrú tā.
别人都不如他。

Shī Yànán zài Wú Huān miànqián, jīngcháng
施亚男在吴欢面前，经常

1 了不起: extraordinary
e.g 他是一位了不起
的医生。

感到自己的知识太少，不像吴欢那样有知识。但是他也不喜欢像吴欢那样，对什么都不感兴趣，对什么都不关心。施亚男喜欢阳光、颜色、音乐。他还喜欢各种有意思的小事，比如参加一些比赛活动，到街上排队买报纸等等。他对在公共汽车上的事也很感兴趣。

可是他不好意思对吴欢说这些事。他怕说出来，吴欢会觉得他"嫩[1]"，笑话他还不是一个男子汉[2]。

那么，施亚男是不是一个男子汉呢？如果他是男子汉，为什么今天吴欢交给他一封信的时候，他的脸红了呢？吴欢会怎么想呢？

1 嫩: immature
2 男子汉: a true man

Wú Huān kànzhe tā nà hónghóng de liǎn， wènle
吴欢看着他那红红的脸，问了

yí jù："Shéi lái de xìn？"
一句："谁来的信？"

Shī Yànán bù hǎoyìsi， tā méiyǒu huídá。
施亚男不好意思，他没有回答。

Wú Huān yòu wèn："Bú shì qíngshū ba？ Wǒ
吴欢又问："不是情书[1]吧？我

zěnme bù zhīdào nǐ yǒule nǚpéngyou？"
怎么不知道你有了女朋友？"

Shī Yànán háishi méiyǒu huídá， zhǐshì
施亚男还是没有回答，只是

xiàole xiào。 Tā bù xiǎng gàosu Wú Huān tā zài xiě
笑了笑。他不想告诉吴欢他在写

shī。 Yàoshi Wú Huān zhīdào le， tā yídìng huì
诗。要是吴欢知道了，他一定会

xiàohua tā de！ Tā xīnli xiǎng， jiù ràng Wú Huān
笑话他的！他心里想，就让吴欢

yǐwéi shì qíngshū ba！ Zhè fēng xìn shì bu shì qíngshū
以为是情书吧！这封信是不是情书

yǐhòu dàjiā jiù zhīdào le。
以后大家就知道了。

Děngdào zhǐ shèngxià Shī Yànán yí gè rén de
等到只剩下施亚男一个人的

shíhou， tā cái náchū nà fēng xìn， kànzhe xìnfēng
时候，他才拿出那封信，看着信封

shang de zì， kànle hěn cháng shíjiān， tā gǎndào
上的字，看了很长时间，他感到

tā suǒ xǐhuan de zhè wèi shīrén hǎoxiàng jiù zhàn zài tā
他所喜欢的这位诗人好像就站在他

1 情书：love letter

的面前，他有点儿激动。他不认识
这位诗人，只读过他的诗。那些诗
让他激动。在读着他的诗的时候，施
亚男也试着写诗，把自己激动的心情
写下来。他给这位诗人写了一封信，
想跟他谈谈写诗的问题。但是他觉得
他写的信像个小学生写的，诗人
可能不会给他回信。没有想到，这
位诗人给他回信了，他能不激动吗？
诗人在信中告诉他，任何时候都
可以去找他，一起讨论写诗的问题。
但是，一想到真要把他的诗拿给这
位诗人看，他就感到自己的诗写得太
差了。一想到这些，他就不好意思去
找这位诗人了。他想以后再说吧。

Yì tiān , yī yī qī liù hào gōnggòng qìchē hěn jǐ .
一天，1176号公共汽车很挤。

Yí wèi lǎodàmā yào mǎi yì zhāng piào , shòupiàoyuán
一位老大妈¹要买一张票，售票员

gūniang zhèngzài xiǎngzhe gāi mài duōshao qián de piào ,
姑娘正在想着该卖多少钱的票，

zhàn zài pángbiān de yí gè xiǎo pǐzi shuōdào : " Yì
站在旁边的一个小痞子说道："一

máo yì zhāng ! "
毛一张²！"

Mǎi piào de rén tài duō le , shòupiàoyuán gūniang
买票的人太多了，售票员姑娘

méiyǒu zǐxì xiǎng , zhǔnbèi bǎ yì zhāng yì máo qián
没有仔细想，准备把一张一毛钱

de chē piào gěi zhè wèi lǎodàmā , Wú Huān xiǎo shēng
的车票给这位老大妈，吴欢小声

de duì shòupiàoyuán gūniang shuō : " Bú shì yì máo,
地对售票员姑娘说："不是一毛，

shì wǔ fēn ! "
是五分！"

Shòupiàoyuán gūniang kànle kàn Wú Huān , xiǎngle
售票员姑娘看了看吴欢，想了

xiǎng , liǎn lìkè hóng le . Tā chàdiǎnr màicuò piào
想，脸立刻红了。她差点儿卖错票

le . Tā hěn gǎnxiè Wú Huān , duì Wú Huān xiàole
了。她很感谢吴欢，对吴欢笑了

xiào .
笑。

1 老大妈: old lady
2 一毛一张: a ticket
costing ten cents

Xiǎo pǐzi kànzhe nǚ shòupiàoyuán , bù huái
小痞子看着女售票员，不怀

好意¹地笑着。吴欢往他跟前挤了

挤，小痞子看见吴欢个子高大，就

不敢笑了，也不敢动了，他有点儿

怕吴欢打他。

施亚男很羡慕吴欢，因为吴欢

会很容易让售票员姑娘喜欢他。吴

欢也朝大家笑笑，好像是说：你们

看，我帮助了售票员姑娘，她喜欢

我，感谢我，小痞子也怕我。但是施

亚男对吴欢的笑感到很不舒服。

时间一天天地过去了。售票员

姑娘和施亚男这些小伙子们都熟了。

要是他们中间有谁没赶上她这

趟²公共汽车，虽然她不说什么，

可是她的眼睛里就会表现出一种很

1 不怀好意: wicked

2 趟: (classifier) indi-
cating trip or trips made

e.g. 今天下午还有一
趟火车。

e.g. 上个月又去了一
趟上海。

guānxīn de yàngzi , hǎoxiàng zài wèn : " Zěnme méi jiàn
关心 的 样子，好像 在 问："怎么 没 见

nàge gāo gèzi de xiǎohuǒzi ne ? Tā shì bu shì
那个 高 个子 的 小伙子 呢？他 是 不 是

bìng le ? " Suīrán dàjiā dōu hěn shú le , kěshì dào
病 了？"虽然 大家 都 很 熟 了，可是 到

xià chē de shíhou , tā chá piào háishi hěn rènzhēn .
下 车 的 时候，她 查 票 还是 很 认真。

Wú Huān hǎoxiàng gùyì gēn tā kāi wánxiào , xià chē
吴 欢 好像 故意 跟 她 开 玩笑，下 车

de shíhou bù bǎ yuèpiào ná chūlái , yídìng yào tā
的 时候 不 把 月票 拿 出来，一定 要 她

wènshàng jǐ jù : " Tóngzhì , nín de piào ne ? " Wú
问 上 几 句："同志，您 的 票 呢？"吴

Huān cái mànmān de qù zhǎo yuèpiào . Yǒu shí tā gùyì
欢 才 慢慢 地 去 找 月票。有 时 他 故意

de bǎ gōngzuòzhèng[1] ná chūlái gěi tā , huò shì názhe
地 把 工作证[1] 拿 出来 给 她，或 是 拿着

qiánbāo[2] shuō , yuèpiào zài lǐmiàn ne . Bùguǎn Wú
钱包[2] 说，月票 在 里面 呢。不管 吴

Huān gāoxìng bu gāoxìng , Wú Huān zhǐyào bù bǎ piào ná
欢 高兴 不 高兴，吴 欢 只要 不 把 票 拿

chūlái , shòupiàoyuán gūniang jiù bú ràng tā xià chē .
出来，售票员 姑娘 就 不 让 他 下 车。

zhè shíhou , Wú Huān zhǐhǎo mànmān de bǎ yuèpiào ná
这 时候，吴 欢 只好 慢慢 地 把 月票 拿

chūlái .
出来。

1 工作证: employee's card

2 钱包: wallet

Kěshì , Wú Huān gāoxìng de shíhou , yòu huì
可是，吴 欢 高兴 的 时候，又 会

变得像个天使[1]，帮售票员姑娘
把票和钱拿给坐在远处的人；下车
时帮她查票……这一切他都做得
那么自然，那么随便，让那些想为
售票员姑娘做些什么、又不好意思
做的小伙子们羡慕他，羡慕他会为
漂亮姑娘做事。但是施亚男感到
吴欢的这种骑士风度[2]还是在跟
售票员姑娘开玩笑，不是认真地
帮助她。

为了要坐售票员姑娘这趟车，
吴欢改变了迟到的习惯。每天早上
他很早就在车站等着1176号公共
汽车；下班以后也不像过去那么
急着回家，而是早早地来到车站，

1 天使: angel
2 骑士风度: cheva-lier manner

站在那儿等着1176号公共汽车，一辆又一辆公共汽车开过来，他不上车，一直等到1176号汽车来了才上车。慢慢地，大家都跟他开玩笑，说他爱上了售票员姑娘。施亚男不觉得有什么好笑。因为他知道吴欢不是真的爱这个售票员姑娘。他对吴欢这样做很不高兴。售票员姑娘的工作是认真的。他应该尊重售票员姑娘。但是他不知道吴欢为什么跟售票员姑娘开玩笑。他在心里感到一种恼怒[1]。

有时候看到施亚男不高兴的样子，吴欢笑哈哈地问他："你怎么了？"

施亚男说："没什么。我想问

1 恼怒: resentful

e.g. 那些话让他十分恼怒。

nǐ, nǐ … zhēn de yào hé shòupiàoyuán gūniang
你，你……真的要和售票员姑娘

zěnmeyàng ma?"
怎么样吗？"

　　Wú Huān gùyì wèn tā: "Shénme zěnmeyàng?
　　吴欢故意问他："什么怎么样？

Bù zěnmeyàng! Nǐ xīwàng wǒ zěnmeyàng ne?" Wú
不怎么样！你希望我怎么样呢？"吴

Huān bú gàosu Shī Yànán tā de xiǎngfǎ. Wú Huān
欢不告诉施亚男他的想法。吴欢

rènwéi zìjǐ liǎobuqǐ, nàme jiāo'ào, tā zěnme
认为自己了不起，那么骄傲，他怎么

huì àishàng shòupiàoyuán gūniang ne. Shī Yànán yě
会爱上售票员姑娘呢。施亚男也

bù míngbai Wú Huān wèi shénme duì shòupiàoyuán gūniang
不明白吴欢为什么对售票员姑娘

hǎo, yòu yào gēn tā suíbiàn de kāi wánxiào, nàme bù
好，又要跟她随便地开玩笑，那么不

zūnzhòng tā. Shòupiàoyuán gūniang měilì, shànliáng,
尊重她。售票员姑娘美丽、善良、

duì rén yǒu lǐmào, gōngzuò rènzhēn, Wú Huān bù
对人有礼貌，工作认真，吴欢不

yīnggāi ná tā kāi wánxiào.
应该拿她开玩笑。

　　Shī Yànán jīngcháng huíyì xiǎoshíhou de yí
　　施亚男经常回忆小时候的一

jiàn shì. Yǒu yì nián xiàtiān, bàba dài tā dào hǎi
件事。有一年夏天，爸爸带他到海

biān qù wán. Zài hǎi biān, Shī Yànán kàndào yí gè
边去玩。在海边，施亚男看到一个

tèbié piàoliang de bèi , jiù bǎ bèi jiǎnzǒu le .
特别 漂亮 的 贝[1]，就 把 贝 捡走 了。

Líkāile dàhǎi , zhège bèi hěn kuài jiù sǐ le .
离开了大海，这个贝很快就死了。

Shī Yànán hěn hòuhuǐ , tā juéde zhè shì tā de
施亚男很后悔，他觉得这是他的

cuò . Tā bù gāi bǎ piàoliang de bèi jiǎnzǒu . Zhège
错。他不该把漂亮的贝捡走。这个

bèi kěnéng zài hǎi biān shang děngzhe hǎishuǐ bǎ tā
贝可能在海边上等着海水把它

dàihuí dàhǎi , kěshì méiyǒu děngdào , jiù bèi tā
带回大海，可是没有等到，就被他

jiǎnzǒu le . Shī Yànán juéde tā yīnggāi àihù rènhé
捡走了。施亚男觉得他应该爱护任何

měilì de shēngmìng . Duìyú zhège měilì , shànliáng
美丽的生命。对于这个美丽、善良

de shòupiàoyuán gūniang , tā juéde rénmen yīnggāi
的售票员姑娘，他觉得人们应该

zūnzhòng tā , àihù tā , zěnme néng ná tā kāi
尊重她，爱护她，怎么能拿她开

wánxiào ne ?
玩笑呢?

Yǒu yí cì , Shī Yànán qù zhǎnlǎnguǎn kàn
有一次，施亚男去展览馆看

huàzhǎn , dāng Shī Yànán cóng yì fú huà qián zǒukāi ,
画展，当施亚男从一幅[2]画前走开，

zhǔnbèi cóng yuǎnchù zài xīnshǎng zhè fú huà shí , yí
准备从远处再欣赏[3]这幅画时，一

gè gūniang dǎngzhùle tā . Tā zǒule jǐ bù , xiǎng
个姑娘挡住了他。他走了几步，想

1 贝: shellfish
2 幅: (classifier) used
for cloth, painting, etc.
e.g.这是一幅中国山
水画。
3 欣赏: to enjoy, to
appreciate

从 旁 边 看 那 幅 画。 这 时， 他 突 然

发 现 那 个 姑 娘 正 是 售 票 员 姑 娘。

那 天 下 午， 他 都 跟 在 她 的 后 面 看 画。

售 票 员 姑 娘 没 有 看 见 施 亚 男。 他

跟 着 她 慢 慢 地 欣 赏 一 幅 又 一 幅 的

画。 他 发 现 这 个 售 票 员 姑 娘 喜 欢 的

是 田 园 风 光 [1] 画： 月 光 下 的 田 野；

树 下 吃 草 的 小 牛； 雨 后 的 天 空……

施 亚 男 心 想， 要 是 有 哪 位 画 家 画 下

她 看 画 的 样 子， 也 一 定 是 一 幅 美 丽 的

画。

售 票 员 姑 娘 走 了 以 后， 施 亚 男

把 她 喜 爱 的 那 些 画 看 了 又 看， 他 没 有

想 到 一 个 售 票 员 姑 娘， 会 有 这 么 高

的 欣 赏 能 力。 整 个 下 午， 施 亚 男 的

1 田园风光: rural scenery

xīnqíng dōu fēicháng yúkuài .
心情 都 非常 愉快。

Měi tiān zǎoshang , kànjiàn shòupiàoyuán gūniang
每天 早上，看见 售票员 姑娘

chīzhe yóubǐng shàng bān de shíhou , Wú Huān de
吃着 油饼 [1] 上 班 的 时候，吴 欢 的

liǎn shang zǒngshì lòuchū yì zhǒng tèbié de xiàoróng ,
脸 上 总是 露出 一 种 特别 的 笑容，

hǎoxiàng zài shuō shòupiàoyuán gūniang zěnme chī zhème
好像 在 说 售票员 姑娘 怎么 吃 这么

piányi de yóubǐng ne . Kànzhe Wú Huān de xiàoróng ,
便宜的 油饼 呢。看着 吴 欢 的 笑容，

Shī Yànán xīnli xiǎng : Wú Huān zài jiā li dàgài
施亚男 心里 想：吴 欢 在 家里 大概

gānggāng chīguo huángyóu miànbāo , hēwán niúnǎi ,
刚 刚 吃过 黄油 面包 [2]，喝完 牛奶，

suǒyǐ kànbuqǐ shòupiàoyuán gūniang chī de yóubǐng .
所以 看不起 售票员 姑娘 吃 的 油饼。

Dànshì jiù yīnwèi zhè yì diǎn . tā jiù huì gǎndào
但是 就 因为 这 一 点，他 就 会 感到

zìjǐ bǐ shòupiàoyuán gūniang gèng gāoguì ma ?
自己 比 售票员 姑娘 更 高贵 [3] 吗？

Qíshí , Wú Huān yě yǒu jǐnzhāng de shíhou .
其实，吴 欢 也 有 紧张 的 时候。

Yì tiān , Wú Huān xiěle yì fēng xìn fàng zài shū li ,
一天，吴 欢 写了 一 封 信 放 在 书 里，

ránhòu bǎ shū liúzàile chē shang . Tā bù zhīdào
然后 把 书 留 在 了 车 上。他 不 知道

shòupiàoyuán gūniang kàn méi kàn tā de xìn , yě bù
售票员 姑娘 看 没 看 他 的 信，也 不

1 油饼: deep-fried dough cake, usu. used for breakfast
2 黄油面包: butter bread
3 高贵: noble privileged

zhīdào huì fāshēng shénme shì.　Dì-èr tiān xiàwǔ,
知道会发生什么事。第二天下午,

Wú Huān xiǎng zhīdào shòupiàoyuán gūniang shì shénme
吴欢想知道售票员姑娘是什么

yàng de tàidù.　Shòupiàoyuán gūniang huì zěnme kàn
样的态度。售票员姑娘会怎么看

tā ne?　Tā bù zhīdào.　Tā yǒudiǎnr jǐnzhāng.
他呢? 他不知道。他有点儿紧张。

Dànshì tā xiāngxìn shòupiàoyuán gūniang huì xǐhuan tā
但是他相信售票员姑娘会喜欢他

de.　Tā hěn xiāngxìn zìjǐ.　Bú shì ma?　Zài
的。他很相信自己。不是吗? 在

gūniangmen de yǎn li,　tā hěn shuài,　gèzi gāo,
姑娘们的眼里,他很帅[1],个子高,

xiàng gè nánzǐhàn,　yòu yǒu zhīshi.　Nǎge gūniang
像个男子汉,又有知识。哪个姑娘

huì bù xǐhuan tā ne?　Tā gěi zhège pǔtōng de
会不喜欢他呢? 他给这个普通的

shòupiàoyuán xiě qíngshū,　tā zěnme huì bù jiēshòu tā
售票员写情书,她怎么会不接受他

ne?　Zěnme huì bù xǐhuan tā ne?
呢? 怎么会不喜欢他呢?

　　Wú Huān xiǎngqǐ Shī Yànán yǐqián wènguo tā:
　　吴欢想起施亚男以前问过他:

"Nǐ dàngzhēn yào hé tā zěnmeyàng ma?"
"你当真要和她怎么样吗?"

　　Zěnmeyàng ne?　Yàoshi shuō tā ài nàge
　　怎么样呢? 要是说他爱那个

shòupiàoyuán gūniang,　yòu bù wánquán shì.　Wú Huān
售票员姑娘,又不完全是。吴欢

1 帅: handsome

e.g. 她总想找一个很帅的男朋友,可是一直没找到。

是 想要 赢得 [1] 她的注意。他不明白
为什么她对谁都一样友好、礼貌、
耐心。她为什么不特别地注意他
呢？从看见她第一天起，他就努力
地想让她注意他，还为她做了很多
事，可是他还是没有吸引住她。他不
明白她为什么不去注意他的努力呢？
他要做的就是想要赢得她的注意，
注意他与其他人的不一样，因为他
认为他比别人高贵。他在信里写了
很多他的想法。

下汽车的时候，吴欢急急忙忙
地对施亚男说："你先走吧，我昨天
大概把书忘在车上了，我得去
找找！"

1 赢得: to win

Wú Huān kànzhe Shī Yànán zǒule zhī hòu,
吴欢看着施亚男走了之后,

jímáng xiàng yī yī qī liù hào gōnggòng qìchē zǒuqù.
急忙向117 6号公共汽车走去。

Shòupiàoyuán gūniang zhèngzài dǎsǎo chēxiāng. Tā yì
售票员 姑娘 正在打扫车厢[1]。她一

tái tóu, fāxiàn Wú Huān zhèngzài kànzhe tā.
抬头,发现吴欢正在看着她。

"Nǐ zuótiān zài chē shang jiǎn méi jiǎndào yì běn
"你昨天在车 上 捡没捡到一本

shū?"
书?"

"Shénme shū?" Tā háishi xiàng píngshí gōngzuò
"什么书?"她还是像平时工作

shí nàyàng píngjìng, hǎoxiàng zǎo jiù zhīdào huì yǒu
时那样平静,好像早就知道会有

zhèyàng de shìqing fāshēng.
这样的事情发生。

"《Hónglóumèng》 dì-yī juàn!"
"《红楼梦》第一卷[2]!"

"Xiě míngzi le ma?"
"写名字了吗?"

"Shū shàngmiàn yǒu 'Wú Huān' liǎng gè zì!"
"书上面有'吴欢'两个字!"

"Ā, yǒu yì běn!" Tā zǒu dào qìchē
"啊,有一本!"她走到汽车

qiántou, cóng yí gè bāo li náchū nà běn
前头,从一个包里拿出那本

《Hónglóumèng》, bǎ shū huán gěi le Wú Huān,
《红楼梦》,把书还给了吴欢,

1 打扫车厢: sweep
the floor of the bus
2《红楼梦》第一卷:
Volume I of *A Dream
of Red Mansions*

ránhòu yòu jiēzhe dǎsǎo chēxiāng .
然后 又接着打扫车厢。

Wú Huān jímáng fānkāi nà běn shū . tā xiě de
吴欢急忙翻开那本书，他写的

nà fēng xìn hái zài shū li . Tā xiǎng : Tā kànguo
那封信还在书里。他想：她看过

zhè fēng xìn méiyǒu ? Tā shì bu shì děngzhe tā lái zhǎo
这封信没有？她是不是等着他来找

tā ? Wèi shénme tā bù bǎ xìn shōu qǐlái ne ? Wú
她？为什么她不把信收起来呢？吴

Huān shuō : " Tóngzhì ,   …… "
欢 说："同志，……"

Shòupiàoyuán gūniang wèn tā : " Nín hái yǒu
售票员 姑娘问他："您还有

shénme shì ? "
什么事？"

Tā jiēzhe wèn : " Nǐ shì bu shì zài děng yí gè
他接着问："你是不是在等一个

rén lái zhǎo zhè běn shū ? "
人来找这本书？"

Tā shuō : " Wǒ xiǎng yěxǔ yǒu rén lái zhǎo zhè
她说："我想也许有人来找这

běn shū . "
本书。"

Tā wèn : " Nǐ méi zhùyì ? Zhè lǐmiàn yǒu yì
他问："你没注意？这里面有一

fēng xìn shì xiě gěi nǐ de ! "
封信是写给你的！"

Yìbān qíngkuàng xià , gūniang shōudào xiǎohuǒzi
一般情况下，姑娘收到小伙子

de xìn dōu yào liǎn hóng, bù hǎoyìsi. Kěshì
的信都要脸红，不好意思。可是

shòupiàoyuán gūniang méiyǒu zhèyàng. Tā hěn píngjìng.
售票员姑娘没有这样。她很平静。

Tā duì Wú Huān mànmān de shuō: "Nín bù juéde
她对吴欢慢慢地说："您不觉得

zhèyàng zuò hěn huāngtang ma? Jiù suàn shì nín bù
这样做很荒唐¹吗？就算是您不

zūnzhòng zìjǐ, nà yě shì bù yīnggāi de, bìngqiě
尊重自己，那也是不应该的，并且

nín yě shì bù zūnzhòng biérén. Nín jìzhe, búyào
您也是不尊重别人。您记着，不要

shǐ zìjǐ de xíngwéi biànde chǒulòu! Nín kàn, wǒ
使自己的行为变得丑陋²！您看，我

yěxǔ shuō duō le, búguò qǐng nín yuánliàng, wǒ de
也许说多了，不过请您原谅，我的

yuànwàng shì hǎo de!"
愿望是好的！"

Wú Huān bù zhīdào shuō shénme hǎo. Wú Huān
吴欢不知道说什么好。吴欢

zǒngshì hěn xiāngxìn zìjǐ de mèilì. Kěshì zài
总是很相信自己的魅力³。可是在

shòupiàoyuán gūniang yǎn li, tā gēn qítā rén méi
售票员姑娘眼里，他跟其他人没

shénme bù yíyàng.
什么不一样。

Wú Huān zài zuò yī yī qī liù hào qìchē de shíhou,
吴欢再坐117 6号汽车的时候，

tā hái xiàng cóngqián yí yàng bāngzhù shòupiàoyuán gūniang.
他还像从前一样帮助售票员姑娘。

1 荒唐: (of thought, words or action) absurd

2 丑陋: ugly

3 魅力: charm, glamour, charisma

e.g. 他是个很有魅力的男人。

Dànshì, tā de rèqíng gēn yǐqián bù yíyàng le, tā
但是，他的热情跟以前不一样了，他

bú xiàng yǐqián nàyàng zìrán le. Cóng tā de liǎn
不像以前那样自然了。从他的脸

shang kěyǐ kàn chūlái, tā de xīnqíng bù hǎo. Tā
上可以看出来，他的心情不好。他

zěnme le? Shì shéiràng tā bù gāoxìng le ne? Qíshí
怎么了？是谁让他不高兴了呢？其实

méiyǒu shéi shǐ tā xīnqíng bù yúkuài. Shòupiàoyuán
没有谁使他心情不愉快。售票员

gūniang méiyǒu jiēshòu tā de xìn, tā juéde tā zài tā
姑娘没有接受他的信，他觉得他在她

miànqián diūle miànzi. Tā fēicháng shēng qì. Zhè
面前丢了面子[1]。他非常生气。这

shì tā yǐqián méiyǒuguo de jīnglì, tā tài jiāo'ào
是他以前没有过的经历，他太骄傲

le. Suīrán tā kěyǐ hěn róngyì de dédào xǔduō
了。虽然他可以很容易地得到许多

dōngxi, dànshì tā débudào shòupiàoyuán gūniang de
东西，但是他得不到售票员姑娘的

zūnzhòng. Zhè ràng tā shòubuliǎo. Tā bù zhīdào wèi
尊重。这让他受不了。他不知道为

shénme tā kěyǐ jùjué tā. Tā xiǎng tā yīnggāi zuò
什么她可以拒绝他。他想他应该做

diǎnr shénme shì ràng tā gǎndào tā de gāoguì, nǎpà
点儿什么事让她感到他的高贵，哪怕

shì jīnù tā, yě shì tā de yí gè shènglì.
是激怒[2]她，也是他的一个胜利。

Yǒu yì tiān, Wú Huān hǎoxiàng wàngjìle zìjǐ
有一天，吴欢好像忘记了自己

---

1 丢了面子: lose
face; feel humiliated
(e.g.)小伙子都怕在姑
娘面前丢面子。
2 激怒: to irritate
(e.g.)他的话激怒了他
的父亲。

píngshí zhùyì de " qíshì fēngdù ".
平时注意的 "骑士风度"。

Shòupiàoyuán gūniang duì tā gēn píngshí yíyàng .
售票员姑娘对他跟平时一样。

Dāng Wú Huān xià chē de shíhou , shòupiàoyuán gūniang
当吴欢下车的时候，售票员姑娘

ràng tā bǎ piào ná chūlái . Kě Wú Huān gùyì bù gěi
让他把票拿出来。可吴欢故意不给

shòupiàoyuán gūniang kàn yuèpiào . Tā zǒu dào tā miànqián
售票员姑娘看月票。她走到他面前

wèn : " Nín de piào ne ？ "
问："您的票呢？"

Wú Huān shuō : " Méiyǒu ！ "
吴欢说："没有！"

Shī Yànán juéde Wú Huān zuò de búduì , duì
施亚男觉得吴欢做得不对，对

Wú Huān shuō : " Shéi shuō nǐ méiyǒu , nǐ bú shì
吴欢说："谁说你没有，你不是

mǎile yuèpiào ma ！ "
买了月票嘛！"

Wú Huān bù shuōhuà , zhǐshì kànzhe
吴欢不说话，只是看着

shòupiàoyuán gūniang .
售票员姑娘。

Tā lìkè míngbaile tā zài xīnli xiǎng shénme .
她立刻明白了他在心里想什么。

tā fēicháng yǒuhǎo de duì tā shuō : " Zěnme huì méiyǒu
她非常友好地对他说："怎么会没有

ne ？ Nín bǎ yuèpiào ná chūlái kànkan bú jiù xíngle
呢？您把月票拿出来看看不就行了

ma？　Xià chē chápiào，　shì yīnggāi zhème zuò de！"
嘛？下车查票，是应该这么做的！"

　　　Kěshì　Wú Huān　háishi shuō："　Méiyǒu　jiùshì
可是吴欢还是说："没有就是

méiyǒu！"
没有！"

　　　Shòupiàoyuán gūniang yánsù de shuō："　Nà jiù
售票员姑娘严肃地说："那就

zhǐhǎo qǐng nín bǔ piào　le！"
只好请您补票¹了！"

　　　Tā shuō："Duōshao qián？"
他说："多少钱？"

　　　Tā shuō："　Wǔ jiǎo。"　Tā bù dé bú duì
她说："五角。"她不得不对

"　gùyì mǎi chēpiào"　de Wú Huān jìnxíng fákuǎn。
"故意买车票"的吴欢进行罚款²。

Tā zǎo jiù zhǔnbèi hǎo le zhè chǎng　èzuòjù
他早就准备好了这场恶作剧³。

　　　Wú Huān cóng kǒudai li　náchū hěn duō　yìngbì
吴欢从口袋里拿出很多硬币

gěi tā。Tā méiyǒu jiēzhù。　Yìngbì diàole yí dì。
给她。她没有接住。硬币掉了一地。

Shòupiàoyuán gūniang shénme yě méi shuō，　mànmān bǎ
售票员姑娘什么也没说，慢慢把

dì shang de qián jiǎnle　qǐlái。
地上的钱捡了起来。

　　　Shī Yànán kàndào Wú Huān de　yàngzi，　zhēn xiǎng
施亚男看到吴欢的样子，真想

zǒu guòqù dǎ tā，　ràng tā bǎ dì shang de　yìngbì jiǎn
走过去打他，让他把地上的硬币捡

1 补票: buy one's tick-
et after the normal time
2 罚款: to fine
e.g. 这里不能抽烟。
抽烟是要罚款的。
3 恶作剧: mischief

qǐlái
起来。

Yí wèi dàizhe yǎnjìng de lǎorén , mànmān zǒu
一位戴着眼镜的老人，慢慢走

guòlái , zhàn zài Wú Huān de miànqián , yánsù de duì
过来，站在吴欢的面前，严肃地对

tā shuō : " Xiǎohuǒzi a , nǐ de xīn zěnme bú xiàng
他说："小伙子啊，你的心怎么不像

nǐ de liǎn nàme piàoliang ne ? "
你的脸那么漂亮呢？"

Ér Wú Huān nà zhāng piàoliang de liǎn , lěnglěng
而吴欢那张漂亮的脸，冷冷

de kànzhe shòupiàoyuán gūniang yí gè yí gè de jiǎnzhe
地看着售票员姑娘一个一个地捡着

yìngbì , shǔzhe yìngbì . Wú Huān jiùxiàng yǐqián
硬币，数着硬币。吴欢就像以前

nàxiē yǒuqiánrén yíyàng , zhǐshì zhàn zài pángbiān
那些有钱人一样，只是站在旁边

kàn . Shī Yànán bù zhīdào Wú Huān shì cóng nǎlǐ xué
看。施亚男不知道吴欢是从哪里学

de zhè zhǒng chǒulòu yàngzi . Tā duì Wú Huān gǎndào
的这种丑陋样子。他对吴欢感到

yànwù . Zhè jiàn shì shǐ tā duì shòupiàoyuán gūniang
厌恶[1]。这件事使他对售票员姑娘

gèngjiā zūnzhòng le . Rúguǒ bú shì wèile gōngzuò ,
更加尊重了。如果不是为了工作，

tā wèi shénme yào jiǎn dì shang de yìngbì ne ?
她为什么要捡地上的硬币呢？

Shòupiàoyuán gūniang jiǎnwánle dì shang de
售票员姑娘捡完了地上的

1 厌恶: be disgusted at ...

e.g. 他对这件事感到很厌恶。

yìngbì ， shǔle shǔ， táiqǐ tóu duì Wú Huān shuō：
硬币，数了数，抬起头对吴欢说：

"Hái duō chū qī fēn qián！" Shuōzhe， tā bǎ duō
"还多出七分钱！"说着，她把多

chū de qī fēn qián huán gěi Wú Huān.
出的七分钱还给吴欢。

"Wǒ bú yào le！"
"我不要了！"

"Nà shì nín zìjǐ de shìqing！" Tā bǎ qī
"那是您自己的事情！"她把七

fēn qián de yìngbì fàng zài lù biānshang， jiù shàng chē
分钱的硬币放在路边上，就上车

le。
了。

Wú Huān xiǎng zuò de， tā quán zuò le.
吴欢想做的，他全做了。

Kěshì tā shì bu shì gǎndào tòngkuài， mǎnzú，
可是他是不是感到痛快[1]、满足、

shènglì ne？ Jǐnguǎn Wú Huān shénme dōu méi shuō，
胜利呢？尽管吴欢什么都没说，

dànshì Shī Yànán què kàn de chūlái， Wú Huān méiyǒu
但是施亚男却看得出来，吴欢没有

zhēngfú shòupiàoyuán gūniang， tā méiyǒu shènglì.
征服[2]售票员姑娘，他没有胜利。

Shī Yànán wèn Wú Huān："Nǐ wèi shénme
施亚男问吴欢："你为什么

zhème zuò ne？"
这么做呢？"

Wú Huān gùyì shuō："Zhème jǐ jiǎo qián，
吴欢故意说："这么几角钱，

1 痛快: delighted;
very happy
2 征服: to conquer, to
subjugate
e.g.她的歌声征服了
听众。
e.g.征服自然

ràng tā biǎoyǎn yíxià xiǎoshìmín búshì tǐng hǎo de
让 她 表 演 一 下 小 市 民 不 是 挺 好 的
ma！"
嘛！"

"　Xiǎoshìmín？"　Yàoshi zài yǐqián，　Shī
"小 市 民？"要 是 在 以 前，施
Yànán wèile tā hé Wú Huān zhījiān de yǒuyì， tā
亚 男 为 了 他 和 吴 欢 之 间 的 友 谊，他
bú huì shuō shénme。 Kě xiànzài， tā fēicháng shēngqì，
不 会 说 什 么。可 现 在，他 非 常 生 气，
tā yǐjīng bù xiǎng nàme duō le。 Tā dàshēng de
他 已 经 不 想 那 么 多 了。他 大 声 地
shuō："Wǒ bù zhīdào shéi cái shì xiǎoshìmín！ Bié kàn
说："我 不 知 道 谁 才 是 小 市 民！别 看
wǒmen píngshí zuò zài shāfā shang tán zhéxué， tīng
我 们 平 时 坐 在 沙 发 上 谈 哲 学，听
yīnyuè， tán jítā， bú yuànyì qù chī xiǎotān shang
音 乐，弹 吉 他，不 愿 意 去 吃 小 摊 [1] 上
de yóubǐng … Wǒmen rènwéi wǒmen de shēnghuó shì
的 油 饼……我 们 认 为 我 们 的 生 活 是
gāoguì de， měihǎo de， qíshí zhèxiē dōu shì hěn
高 贵 的、美 好 的，其 实 这 些 都 是 很
chénfǔ de dōngxi … "
陈 腐 的 [2] 东 西……"

Yǐqián， Shī Yànán yìzhí yǐwéi tāmen de
以 前，施 亚 男 一 直 以 为 他 们 的
guānxì fēicháng hǎo。 Yuánlái zhè yíqiè dōu bú shì
关 系 非 常 好。原 来 这 一 切 都 不 是
zhēn de。 Tāmen hǎoxiàng shì zhàn zài yì tiáo bīnghé
真 的。他 们 好 像 是 站 在 一 条 冰 河 [3]

1 小摊: booth
2 陈腐的: old and de-cayed
3 冰河: river covered with ice

shang, děngdào chūntiān yì lái, nuǎnhuo de chūnfēng
上，等到春天一来，暖和的春风

guā guòlái, hé shang de bīng rónghuà le, tāmen
刮过来，河上的冰融化¹了，他们

fāxiàn tāmen shì zhàn zài bùtóng de liǎng kuài bīngkuài
发现他们是站在不同的两块冰块

shang, héshuǐ bǎ tāmen fēnkāi de yuèláiyuè
上，河水把他们分开得越来越

yuǎn …
远……

Tiān mànmān de hēi le. Tāmen shéi yě bù
天慢慢地黑了。他们谁也不

xiǎng shuō shénme le. Tāmen zhīdào shuō shénme dōu
想说什么了。他们知道说什么都

méiyǒu yòng le. Tāmen zhījiān bú zài huì yǒu shénme
没有用了。他们之间不再会有什么

yǒuyì le. Tāmen liǎng gè rén shéi dōu bù shuōhuà,
友谊了。他们两个人谁都不说话，

líkāile gōnggòng qìchē tíngchēchǎng.
离开了公共汽车停车场。

Shī Yànán tūrán zhànzhù, tā zài yě rěnbuzhù
施亚男突然站住，他再也忍不住²

le. Tā duì Wú Huān shuōchūle zuì jiǎndān de jǐ gè
了。他对吴欢说出了最简单的几个

zì: "Tài chǒulòu le!" Ránhòu yòu cháozhe yī yī qī liù
字："太丑陋了！"然后又朝着117 6

hào gōnggòng qìchē zǒuqù. Tā xiǎng duì shòupiàoyuán
号公共汽车走去。他想对售票员

gūniang shuō diǎnr shénme — Shuō shénme ne?
姑娘说点儿什么——说什么呢？

---

1 融化: to melt

2 忍不住: cannot help doing sth.

Shī Yànán kànjiàn tā dīzhe tóu, zuò zài nà
施亚男看见她低着头，坐在那

liàng kōngkōng de chēxiāng li, děngzhe zài cì fā
辆 空空 的 车厢里，等着再次发

chē. Shī Yànán xiǎng, tā yídìng zài kū, tā
车。施亚男想，她一定在哭，他

hǎoxiàng tīngjiànle tā qīngqīng de kūshēng. Shī Yànán
好像 听见了她轻轻的哭声。施亚男

hěnxiǎng tì tā cāgān yǎnlèi, ānwèi tā shuō: "Hái
很想替她擦干眼泪，安慰她说："还

yǒu hěn duō rén zūnzhòng shòupiàoyuán nà píngfán de
有很多人尊重售票员那平凡¹的

gōngzuò … "
工作……"

　　Yí liàng qìchē kāi guòqù, qìchē de dēng
　　一辆汽车开过去，汽车的灯

zhàoliàngle tā de liǎn. Shī Yànán zhè cái kànqīng, tā
照亮了她的脸。施亚男这才看清，她

bìng méiyǒu kū, hǎoxiàng zhèngzài sīkǎozhe shénme.
并没有哭，好像正在思考着什么。

Tā hǎoxiàng zài xiǎngxiàngzhe měihǎo de shēnghuó …
她好像在想象着美好的生活……

Shī Yànán míngbai le, shòupiàoyuán gūniang de xīnli
施亚男明白了，售票员姑娘的心里

yǒuzhe gèngjiā měihǎo de shēnghuó, tā bú huì yīnwèi
有着更加美好的生活，她不会因为

Wú Huān de chǒulòu ér gǎibiàn shénme. Tā mànmān de
吴欢的丑陋而改变什么。他慢慢地

líkāi le.
离开了。

1 平凡: ordinary

Zhèshí   xiàqǐle   xiǎo yǔ,   tā zài xì yǔ zhōng
这时 下起了 小雨, 他 在 细雨¹中

zǒuzhe.   Tā yìbiān zǒu,   yìbiān xiǎngzhe rénmen cóng
走着。他 一边 走, 一边 想着 人们 从

shēnghuó zhōng dédào de bùtóng dōngxi.   Tā de   xīnli
生活 中 得到 的 不同 东西。他的 心里

tūrán chūxiàn yì zhǒng yuànwàng,   xiǎng yào bǎ tā kàndào
突然 出现 一种 愿望, 想要 把他 看到

de,   xiǎngdào de dōngxi shuō gěi nà wèi shīrén péngyou.
的、 想到 的 东西 说给 那位 诗人 朋友。

Tā yào qù zhǎo nà wèi péngyou tǎolùn tā xiě de shī.
他要 去找 那位 朋友 讨论 他 写 的 诗。

Xīngqītiān wǎnshang,   Shī Yànán   zǒujìnle   yì
星期天 晚上, 施亚男 走近了 一

páipái   jiǎnyì   de lóufáng.   Tā hěn shǎo yǒu   jīhuì
排排 简易²的 楼房。他 很少 有 机会

dào zhèyàng de dìfang lái.   Zhèlǐ de dì shang liúzhe
到 这样 的 地方 来。这里 的 地 上 流着

xǐ cài huòzhě xǐ   yīfu de zāngshuǐ.   Nà wèi shīrén
洗菜 或者 洗 衣服 的 脏水。那位 诗人

péngyou jiù zhù zài zhèyàng yí zuò jiǎnyì de lóufáng li,
朋友 就 住 在 这样 一座 简易 的 楼房 里,

dànshì shīrén zǒngshì néng kàndào guāngmíng,   xiěchū
但是 诗人 总是 能 看到 光明 , 写出

nàyàng   qīngxīn、   chōngmǎn xīwàng de shī,   zhè shì
那样 清新、 充满 希望 的 诗, 这是

duōme gāoguì de   qìzhì   !
多么 高贵 的 气质³!

Tā hěn kuài jiù zhǎodàole   shīrén péngyou de jiā.
他 很快 就 找到了 诗人 朋友 的 家。

1 细雨: drizzle; fine rain
2 简易: simply-built
3 高贵的气质: noble bearing

Tā kāishǐ qiāo mén.
他开始敲门。

Mén kāi le. Kāi mén de shì shòupiàoyuán
门开了。开门的是售票员

gūniang. Tā bù míngbai wèi shénme nàge shòupiàoyuán
姑娘。他不明白为什么那个售票员

gūniang huì chū xiànzài tā de miànqián.
姑娘会出现在他的面前。

Tā xiàozhe duì tā shuō："Shì nín？ Nín hǎo！
她笑着对他说："是您？您好！

Nín zhǎo shéi？"
您找谁？"

Tā jiējiebābā de shuō："Wǒ zhǎo …
他结结巴巴[1]地说："我找……

zhǎo Tián Yě tóngzhì！"
找田野同志！"

"Wǒ jiùshì！
"我就是！

Shī Yànán zěnme yě méi xiǎngdào，tā xiǎng jiàn
施亚男怎么也没想到，他想见

de shīrén huì shì shòupiàoyuán gūniang. Tā bù néng
的诗人会是售票员姑娘。他不能

bǎ xīnzhōng xiǎngxiàng de shīrén hé zhège shòupiàoyuán
把心中想象的诗人和这个售票员

gūniang liánxì zài yìqǐ. Tā yǐ wéi Tián Yě shì yí
姑娘联系在一起。他以为田野是一

gè niánjì hěn dà de shīrén，méi xiǎngdào shì zhèyàng
个年纪很大的诗人，没想到是这样

yí gè niánqīng de shòupiàoyuán gūniang.
一个年轻的售票员姑娘。

1 结结巴巴: stutter-ingly

"Nín yǒu shénme shì ma?"
"您有什么事吗?"

Shī Yànán bù zhīdào tā dāng shí wèi shénme
施亚男不知道他当时为什么

shuō: "Wǒ shì Shī Yànán de péngyou, dào zhè fùjìn
说:"我是施亚男的朋友,到这附近

bàn diǎnr shì, tā ràng wǒ gěi nín shuō yíxià, tā
办点儿事,他让我给您说一下,他

xiǎng lái kànwàng nín, bù zhī nín shénme shíhou yǒu
想来看望您,不知您什么时候有

kòngr?"
空儿?"

Tā de yǎnjing li chōngmǎnle tǐtiē, shuō:
她的眼睛里充满了体贴[1],说:

"Xià gè xīngqī wǒ shàng zǎobān, wǎnshang dōu zài
"下个星期我上早班,晚上都在

jiā, qǐng tā nǎ tiān lái dōu xíng! Nín bú jìnlái zuò
家,请他哪天来都行!您不进来坐

huìr ma?"
会儿吗?"

Shī Yànán bù zhīdào shuō shénme hǎo, xīnli
施亚男不知道说什么好,心里

yě jǐnzhāng, jímáng shuō: "Ā, bù, bù …
也紧张,急忙[2]说:"啊,不,不……

Yǐhòu zài lái ba, zàijiàn!"
以后再来吧,再见!"

"Zàijiàn!"
"再见!"

1 体贴: considerate
2 急忙: in a hurry; hastily

Tā jíjímángmáng de líkāi nàlǐ. Tā
他急急忙忙地离开那里。他

好像一直跑到家里。这时他才感到
自己的愚蠢[1]，她不会不知道他就是
施亚男，难道吴欢在汽车上没有
招呼过他的名字吗！

他再也不好意思见售票员姑娘，
也不坐1176号汽车了。虽然工厂
离家很远，他骑自行车去上班。不
知为什么，他总觉得吴欢的那些
丑陋的表现，都好像跟他有关系。

每天，他都能看见1176号
公共汽车从他身边开过去。每到
这时候，他就会在心里对售票员
姑娘说：朋友，等到我的思想离你
近一点儿时，我一定去看望你。而
现在，我还不能！

1 愚蠢: foolish, stupid

This story is a simplified version of Zhang Jie's short story 谁生活得更美好 (*Who Lives Better*), which was published in 工人日报 (*Workers' Daily*), July 15, 1979. It won the National Short Story Award of 1979 (一九七九年全国优秀短篇小说奖).

About the author Zhang Jie (张洁):

Zhang Jie is one of the most celebrated Chinese writers today. She was born in Beijing and graduated from Renmin University of China in 1960. She is a member of the China Writers' Association. She began to publish her works in 1978, and 从森林里来的孩子 (Cóng Sēnlín Li Lái De Háizi, *A Kid from the Forest*) was her first short story. The main theme of Zhang Jie's works is love, through which she explores the soul of people with strong and true sensations. Her works have received many national and international awards. Her novels 沉重的翅膀 (Chénzhòng De Chìbǎng, *Heavy Wings*, 1981) and 无字 (Wú Zì, *Without Words*, 2002) won the Second and the Sixth Mao Dun National Literature Awards respectively, and her collection 祖母绿 (Zǔmǔlù, *Emerald*, 1985) was granted the third Novella National Award of China. She also received the Malaparte Literary

Prize from Italy in 1989. Her other main works are a collection of short stories called 爱是不能忘记的 (Ài Shì Bùnéng Wàngjì De, *Love Must Not Be Forgotten*, 1980), a novella called 方舟 (Fāngzhōu, *The Ark*, 1983) and 世界上最疼我的那个人去了 (Shìjiè Shàng Zuì Téng Wǒ De Nàge Rén Qù Le, *Gone Is the One Who Held Me Dearest in the World*). Some of her works have been translated into English, French, German, Russian, Swedish, Italian, Dutch, Danish, Norwegian, Finnish and other languages. Zhang Jie is a very famous author of Chinese contemporary literature.

思考题：

1. 售票员姑娘工作得怎么样？
2. 小伙子们为什么喜欢她？
3. 吴欢喜欢售票员姑娘吗？为什么？
4. 施亚男喜欢售票员姑娘吗？为什么？
5. 吴欢和施亚男有什么不同？
6. 你觉得谁生活得更美好，更高贵？

三、陈奂生上城[1]

Sān 、 Chén Huànshēng Shàng Chéng

Yuánzhù: Gāo Xiǎoshēng

原著：高晓声

[1] 上城: go to the town; go downtown

三、陈奂生上城

Guide to reading:

This story is a masterpiece of contemporary Chinese literature, and was written by the famous writer Gao Xiaosheng (高晓声). It tells of a Chinese farmer's experience at the beginning of the "reform and opening-up" period around the 1980s in China. Chen Huansheng (陈奂生) was a typical farmer of that time who was simple and honest, but narrow-minded and uneducated. Before 1980 he was too poor even to buy himself a cap. However, after 1980, Chen became better-off. The income from his grain crop now allows him to support his family so that they can eat well and have clothes to wear. Also, because of the new opening-up policy, he is able to earn some extra money by selling self-made twisted fried dough food, *yousheng* (油绳) on the free market. Indeed, it is the first time in his life that he can actually enjoy living. However, unlike some of his countrymen whom he admires, he is an uneducated man with no special experiences. Comparing himself to them he feels humiliated and longs for dignity in his life as well as having new experiences. One day he goes to town to sell *yousheng* as usual but he suddenly falls ill at the train station. At the same time, the Party secretary of the county, Wu Chu, comes to the station to take a train to the capital and recognizes him. Wu takes him to a clinic, and then arranges for him to stay in a hostel. The next morning when he wakes up, Chen is surprised to see the totally new surroundings. As a country person, he has never experienced staying in a hostel in a town before. The author, Gao Xiaosheng describes vividly his humorous behavior in the hostel, and the psychological and physiological changes that take place in Chen Huansheng during these events. From the story we can briefly know of the simple lives of Chinese farmers, their ignorance of modern towns, and of the new needs that come to their minds as they encounter the new ways of life. Also we can see their characters vividly presented in the story through their local idioms and dialects.

故事正文：

Yī
一

Jīntiān Chén Huànshēng shàng chéng lái le . Chén
今天陈奂生上城来了。陈

Huànshēng shì gè nóngmín , tā de jiā lí chéng yǒu
奂生是个农民，他的家离城有

sānshí lǐ lù . Yǐqián Chén Huànshēng zǒngshì mángzhe
三十里路¹。以前陈奂生总是忙着

zhòng dì , gàn nónghuór , hěn shǎo jìn chéng .
种地，干农活儿²，很少进城。

Xiànzài bùtóng le . tā yǒu shíjiān jìn chéng le . Zhè
现在不同了，他有时间进城了。这

yě shì tā shēnghuó zhōng yí gè biànhuà . Yǐqián tā
也是他生活中一个变化。以前他

hěn qióng , méiyǒu qián mǎi màozi , biérén sòng gěi tā
很穷，没有钱买帽子，别人送给他

yì dǐng màozi . Zhè màozi xiàng gè " lòudǒu ",
一顶帽子³。这帽子像个"漏斗⁴"，

cūn li de rén jiù jiào tā " lòudǒu hùzhǔ ". Suǒyǐ
村里的人就叫他"漏斗户主"。所以

Chén Huànshēng hé " lòudǒu hùzhǔ " dōu shì tā de
陈奂生和"漏斗户主"都是他的

míngzi .
名字。

Lěng tiānqì gānggāng guòqù , chūntiān lái le ,
冷天气刚刚过去，春天来了，

tiānqì nuǎnhuo le , qīng fēng chuīlái , chūn nuǎn huā
天气暖和了，轻风吹来，春暖花

1 三十里路: a distance of over 15 kilometers
里: a Chinese unit of distance, equal to about 0.6 km (0.4 mile)
2 干农活儿: do farm work
3 一顶帽子: a cap
顶: (classifier) of a cap
4 漏斗: funnel

kāi , chūntiān ràng Chén Huànshēng xīnqíng yúkuài .
开，春天 让 陈 奂 生 心情 愉快。

Jīntiān Chén Huànshēng chī de bǎobāo de , shēn shang
今天陈 奂 生 吃得饱饱的， 身 上

chuānzhe xīn yīfu , shǒu li tízhe lǚxíngbāo . Tā
穿 着新衣服，手里提着旅行包。他

de lǚxíngbāo gāngānjìngjìng , zhuāng de mǎnmǎn de .
的旅行包干干净净， 装 得满满的。

Yěxǔ tā shēntǐ hǎo , lìqi dà . yěxǔ tā de
也许他身体好， 力气大，也许他的

lǚxíngbāo hěn qīng , tā tízhe lǚxíngbāo , qīngqīng de
旅行包很轻，他提着旅行包，轻轻地

bǎilái bǎiqù . Tā de cūnzi lí chéng li yǒu sānshí
摆来摆去。他的村子离 城 里有 三十

lǐ lù , dànshì tā gèzi gāo , tuǐ yě cháng , sānshí
里路，但是他个子高，腿也长， 三十

lǐ lù duì tā lái shuō shì hěn qīngsōng de yí jiàn shì .
里路对他来说是很 轻松的一件事。

Yǒu shíhou tā jìn chéng , suīrán dài de dōngxi hěn
有时候他进 城 ， 虽然带的东西很

zhòng , tā yě bú zuò gōnggòng qìchē . Jīntiān tā zhǐ
重 ，他也不坐公共汽车。今天他只

tíle gè lǚxíngbāo , gǎnjué zhēnshi tài qīng le . Yí
提了个旅行包，感觉真是太轻了。一

gè lǚxíngbāo duìyú tā lái shuō , jiù hǎoxiàng méiyǒu
个旅行包对于他来说， 就 好像 没有

tí dōngxi . Tàiyáng gāng chūlái , tā juéde shíjiān
提东西。太阳 刚 出来，他觉得时间

hái zǎo , jiù mànmān de wǎng chéng li zǒu . Tā dōng
还早，就慢慢地往 城 里走。他东

kànkan，xī kànkan，kànzhe chūntiān de shù，chūntiān
看看，西看看，看着 春天的树、春天
de huā，kànzhe lùbiān de fēngjǐng。
的花，看着路边的风景。

Tā dào chéng li qù gàn shénme ne？ Tā dào
他到 城 里去干什么呢？他到
chéng li qù mài dōngxi。Jiā li de dì zhòngwán le，
城 里去卖东西。家里的地种 完了，
nónghuór yě gànwán le，liángshi yě màiwán le，xiànzài
农活儿也干完了，粮食也卖完了，现在
bù máng le，tā jiù xiǎng chūmén huódòng huódòng。
不忙了，他就想 出门 活动 活动。
Zhè jǐ nián zìyóu shìchǎng kāifàng le，nóngmín kěyǐ
这几年自由市场开放了[1]，农民可以
zìjǐ zuò diǎnr mǎimai，zhuàn yìdiǎnr qián le。Chén
自己做点儿买卖，赚一点儿钱了。陈
Huànshēng yě kāishǐ zuò diǎnr mǎimai le，tā xiǎng mài
奂 生 也开始做点儿买卖了，他想 卖
diǎnr dōngxi，zài mǎi diǎnr tā xūyào de dōngxi。Tā
点儿东西，再买点儿他需要的东西。他
juéde zhèyàng zuò tǐng hǎo de。
觉得这样做 挺好的。

Chén Huànshēng jīntiān jìn chéng qù mài shénme
陈 奂 生 今天进城去卖什么
ne？Tā jìn chéng qù mài yóushéng。Yóushéng shì tā
呢？他进城去卖油绳[2]。油绳是他
zìjǐ jiā zuò de， yòu xiāng yòu hǎo chī，bǐ shāngdiàn
自己家做的，又香又好吃，比商店
li de xīnxiān。Jīntiān zuòhǎo de yóushéng，jiùyào
里的新鲜。今天做好的油绳，就要

1 这几年自由市场开放了: In 1979, free market was established in both the cities and the countryside. Farmers can sell and buy freely, which has improved the life quality of farmers.
2 油绳: food made by deep-frying dough twist

jīntiān mài, tā de lǚxíngbāo li zhuāng de dōu shì
今天卖，他的旅行包里 装 的都是

yóushéng. Yóushéng hái yòng sùliàodài zhuānghǎo,
油绳。油绳还用塑料袋¹ 装 好，

yǒude dàizi zhuāng wǔ gè yóushéng, yǒude dàizi
有的袋子 装 五个油绳，有的袋子

zhuāng shí gè yóushéng, yòu hǎokàn, yòu gānjìng.
装 十个油绳，又好看，又干净。

Yí gòng liù jīn. Chén Huànshēng yìbiān zǒu, yìbiān
一共六斤。陈奂生一边走，一边

xiǎng, zhuànle qián gàn shénme ne? Tā dǎsuàn mǎi yì
想，赚了钱干什么呢？他打算买一

dǐng xīn de, hǎokàn de màozi.
顶新的、好看的帽子。

Tā xiǎngqǐle yǐqián de shìqing. Cóng sān suì
他想起了以前的事情。从三岁

yǐhòu, sìshíwǔ nián lái, tā méi mǎiguo màozi.
以后，四十五年来，他没买过帽子。

Zài yī jiǔ sì jiǔ nián yǐqián, yě jiùshì jiěfàng
在一九四九年以前，也就是解放²

yǐqián, tāmen jiā qióng, mǎibuqǐ màozi;
以前，他们家穷，买不起帽子；

jiěfàng yǐhòu tā niánqīng, shēntǐ hǎo, yòngbuzháo
解放以后他年轻，身体好，用不着

dài màozi. Kěshì "wénhuà dà gémìng" yǐlái,
戴帽子。可是"文化大革命³"以来，

fàn dōu chībubǎo, gèng méiyǒu qián mǎi màozi hé
饭都吃不饱，更没有钱买帽子和

yīfu le. Yǒu gè hǎoxīnrén jiù sòngle tā yì dǐng
衣服了。有个好心人就送了他一顶

1 塑料袋: plastic bag
2 解放: Here it refers to 1949 when the PRC was founded.
3 文化大革命: the Cultural Revolution from 1966 to 1976

màozi , kàn shàngqù xiàng " lòudǒu ". Zhège
帽子，看上去像"漏斗"。这个

hǎoxīnrén shuō shénme yě búyào qián . Hòulái dàjiā
好心人说什么也不要钱。后来大家

jiù jiào tā " lòudǒu hùzhǔ " le .
就叫他"漏斗户主"了。

Yǒu yí cì , tā fāxiàn tā tóu shang de
有一次，他发现他头上的

" lòudǒu " màozi bújiàn le , yě bù zhīdào shénme
"漏斗"帽子不见了，也不知道什么

shíhou diū le . Tóu shang méiyǒule màozi , tā
时候丢了。头上没有了帽子，他

zhǐ juéde tóu shang hěn qīngsōng , yě bù gǎndào lěng .
只觉得头上很轻松，也不感到冷。

Xiànzài tā sìshíbā suì le , niánjì dà le , tóu yě
现在他四十八岁了，年纪大了，头也

pà lěng le . Tiānqì yì lěng , hái jīngcháng gǎnmào ,
怕冷了。天气一冷，还经常感冒，

rìzi bù hǎoguò . Kànlái tā bìxū děi mǎi xīn
日子不好过。看来他必须得买新

màozi le . Xiànzài mǎi màozi yě bú tèbié nán le .
帽子了。现在买帽子也不特别难了。

Nóngmín yǒu hěn duō bànfǎ zhuàn qián le . Jìn yí cì
农民有很多办法赚钱了。进一次

chéng , dào zìyóu shìchǎng shang mài diǎnr dōngxi ,
城，到自由市场上卖点儿东西，

jiù kěyǐ zhuàn diǎnr qián , kěyǐ mǎi màozi le .
就可以赚点儿钱，可以买帽子了。

Xiànzài tā jiù xiǎng gěi zìjǐ mǎi dǐng xīn màozi .
现在他就想给自己买顶新帽子。

Zuìjìn liǎng nián Chén Huànshēng de shēnghuó
最近两年陈奂生的生活
biànhuà hěn dà . Yǐqián tā de rìzi hěn kǔ , xiànzài
变化很大。以前他的日子很苦，现在
shēnghuó kāishǐ hǎo qǐlái le . Tā bǐ yǐqián pàng
生活开始好起来了。他比以前胖
le , liǎnshang yě yǒule xiàoróng . Yǒu shíhou bànyè
了，脸上也有了笑容。有时候半夜
li xǐnglái , xiǎngdào jiā li yǒu chī de 、 yǒu yīfu
里醒来，想到家里有吃的、有衣服
chuān , jiù gāoxìng de shuìbuzháo le , hái yào bǎ
穿，就高兴得睡不着了，还要把
lǎopo¹ jiàoxǐng , gēn tā liáotiān . Tā xiāngxìn
老婆¹叫醒，跟她聊天。他相信
shēnghuó huì yuèláiyuè hǎo² , tā hái yǒu shénme bù
生活会越来越好²，他还有什么不
mǎnyì de ne ? Tā tài mǎnyì le .
满意的呢？他太满意了。

Chén Huànshēng bú ài shuōhuà . Gēn tā lǎopo ,
陈奂生不爱说话。跟他老婆，
tā hái néng shuō yìxiē huà . Gēn biérén , tā de huà
他还能说一些话。跟别人，他的话
tèbié shǎo . Zhè yì diǎn bú tài hǎo . Tā búshì bù
特别少。这一点不太好。他不是不
xiǎng shuōhuà , tā xiǎng shuōhuà , jiùshì bù zhīdào
想说话，他想说话，就是不知道
shuō shénme . Kàndào biérén dōu yǒu hěn duō huà shuō ,
说什么。看到别人都有很多话说，
tā fēicháng xiànmù³ . Tā bù zhīdào biérén zěnme huì
他非常羡慕³。他不知道别人怎么会

1 老婆: (infml.) wife
2 越来越好: better
and better
越…越…: the more …,
the more …
e.g.天气越来越热了。
3 羡慕: to admire
e.g.他很羡慕这里的
生活。

yùdào nàme duō xīnxiānshìr , zěnme huì xiǎngdechū
遇到那么多新鲜事儿，怎么会想得出

nàme duō de zhǔyi , zěnme huì yǒu nàme duō de
那么多的主意，怎么会有那么多的

jīnglì , zěnme huì jìzhù nàme duō de gùshi , yòu
经历，怎么会记住那么多的故事，又

zěnme huì jiǎng de nàme hǎotīng . Tā yìdiǎn bànfǎ yě
怎么会讲得那么好听。他一点办法也

méiyǒu , tā cónglái bú xiàng biérén wèn shénme , shàng
没有，他从来不向别人问什么，上

yí cì jiē , jìn yí cì chéng , huílái hòu tā zhǐ huì
一次街，进一次城，回来后他只会

shuō : " Jīntiān jiē shang rén duō " huòzhě " rén shǎo " ,
说：“今天街上人多”或者“人少”、

" zìyóu shìchǎng shang yǒu zhū mài " , " qīngcài duō de
“自由市场 上有猪卖”、“青菜多得

màibudiào " … Tā zhǐ huì shuō zhèyàng de huà .
卖不掉”……他只会 说 这样的话。

　　Tā de jīnglì hé nóngcūn de dàduōshù rén
　　他的经历和农村的大多数人

yíyàng , méi shénme tèbié de . Gēn biérén liáotiān
一样，没什么特别的。跟别人聊天

shí , tā jīngcháng jiǎng yìxiē dàjiā dōu zhīdào de
时，他经常讲一些大家都知道的

shìqing , " Xiǎoshíhou niáng cháng dǎ wǒ de pìgu ,
事情，“小时候娘 常打我的屁股，

diē bù dǎ wǒ " , " Wǒ yě shàngle sì nián xué ,
爹不打我 [1]”，“我也上了四年学，

kěshì zǎo jiù wàng le " , " Yī jiǔ sān jiǔ nián bú xià
可是早就忘了”、“一九三九年不下

1 娘常打我的屁股，爹不打我: Mother often spanked me, while father didn't. 娘 (mother) and 爹 (father) are often used in some northen areas of China.
屁股: (infml.) bottom, backside

yǔ , hé li méiyǒu shuǐ , dàjiā bǎ yú dōu ná huí
雨，河里没有水，大家把鱼都拿回

jiā lái chī le ", " Yī jiǔ sì jiǔ nián jiěfàng le ,
家来吃了"、"一九四九年解放了"、

" Chéngqīn yǐhòu , yǒule yí gè érzi , yí gè
"成亲[1]以后，有了一个儿子、一个

xiǎo nǚ'ér " děngděng . Zhèxiē huà méiyǒu shénme
小女儿"等等。这些话没有什么

yìsi , shuō yě děngyú méi shuō . Tā yòu bú rènshi
意思，说也等于没说。他又不认识

zì , méiyǒu wénhuà , kànbudǒng shū ; tīng biérén
字，没有文化，看不懂书；听别人

jiǎng gùshi , tā yòu jìbuzhù . Kàn 《 Sān Dǎ
讲故事，他又记不住。看《三打

Báigǔjīng 》 de yǎnchū . lǎopo yào tā jiǎng yi
白骨精》[2]的演出，老婆要他讲一

jiǎng , tā yě zhǐ huì shuō : " Sūn Wùkōng zuì xiōng , tā
讲，他也只会说："孙悟空最凶，他

dǎsǐle yāoguài ." Lǎopo xiǎng zhīdào gèng duō
打死了妖怪[3]。"老婆想知道更多

de nèiróng , yòu wèn tā Báigǔjīng shì shéi , tā jiù
的内容，又问他白骨精是谁，他就

shuō : " Shì yāoguài biàn de ." Tā érzi jiēzhe shuō :
说："是妖怪变的。"他儿子接着说：

" Báigǔjīng bú shì yāoguài biàn de , shì Báigǔjīng
"白骨精不是妖怪变的，是白骨精

biànchéng de yāoguài ." Érzi zhīdào de dōu bǐ tā duō .
变成的妖怪。"儿子知道的都比他多。

Bùguǎn zěnme shuō , tā hái méi wánquán shuōcuò .
不管怎么说，他还没完全说错。

1 成亲: getting married

2《三打白骨精》: a famous Chinese story from the classic *Journey to the West*. The story is about three fights against the White Bone Demon.

3 孙悟空最凶，他打死了妖怪: The Monkey King is powerful and beats the White Bone Demon to death.

他总是想不出新鲜事情去说，比如种地，他只会讲一些老的方法，谁也不喜欢听。像卖油绳这样的事，也不是他想出来的主意。很多人已经做过很长时间的油绳了，怎么做油绳？怎么包装？能赚多少钱？在什么地方好卖？什么时间买的人多？他向大家学了很多好的经验。他没有什么自己的经验向大家说，他怕别人笑话他："你们看，陈奂生也有油和粮食了，也能做油绳、卖油绳了！"他想，还是不要开口说话吧。

到了晚上，村子里的人们干完了农活，吃完晚饭，喜欢坐

在一起聊天。陈奂生因为不会
说话，他总是听别人说。别人讲话
也不看着他，因为知道他不会跟别人
聊天，所以就好像没有他这个人。
因为不会说话，他总觉得比别人矮
一头，不如别人，心情总是不愉快。
他非常羡慕会说话的人。他不知道
世界上有"精神生活"这个词，
但是家里的生活好了以后，他希望
有一种精神生活。哪里有讲故事
的，他都爱去听，哪里有演出的，
他都爱去看。不听不看，他就觉得
生活没有意思。
　　有一次大家聊天，一个人
提出了一个问题："在我们村子

里，你最美慕谁？"村里有个人叫
陆龙飞。陈奂生平时爱听他说
书讲故事。所以陈奂生忍不住[1]
说了一句："陆龙飞最狠。[2]"别人
问他："陆龙飞是一个说书讲故事
的人，狠什么？"他说："就是因为
他会说书，我美慕他那张嘴。"他
的话把大家逗笑了。他自己也非常
不好意思。他觉得自己不会说话，
被人家笑话了，还是不说话吧。他
想，要是他能遇到一件大家都没
经历过的事情，讲给大家听就好
了，大家就不会笑话他了。

　　当然，陈奂生也不总是想
这些事情。当他被别人笑话的时候，

1 忍不住: cannot help doing sth.

e.g. 他忍不住了，笑了起来。

2 陆龙飞最狠: Lu Longfei, a fellow in the village, is furious. Chen Huansheng uses the wrong word "狠 furious" to express "best 最好," so he is laughed at.

他觉得不好意思的时候，他才会想到自己应该学会说话。现在他一个人到市场上卖油绳，他想的就只是怎么卖油绳，买一顶新帽子。

二

虽然陈奂生走得很慢，一边走，一边看风景，可是到县城[1]的时候，还不到下午六点。时间还早，他不用急着卖油绳。他走到一个卖茶水的地方，花一分钱买了一杯热茶水，吃着自己带的几块饼子[2]，这是他的晚饭。吃完饼子以后，他就向火车站走去。他一边走，一边看着街道两边的商店，遇到百货

1 县城: the town of the county

2 饼子: pancake baked with maize or millet

shāngdiàn , tā jiù zǒu jìnqù kànkan yǒu méiyǒu tā
商店 ¹，他就走进去看看有没有他

xiǎng mǎi de màozi , yào duōshao qián 。 Kànle jǐ
想买的帽子，要多少钱。看了几

jiā shāngdiàn zhīhòu , tā kàndàole yì dǐng ràng
家商店之后，他看到了一顶让

tā mǎnyì de màozi 。 Zhè shíhou tā tūrán xiǎng
他满意的帽子。这时候他突然想

qǐlái , tā méiyǒu dài qián 。 Tā yuánlái dǎsuàn xiān
起来，他没有带钱。他原来打算先

màiyóushéng , zài yòng mài yóushéng de qián mǎi màozi ,
卖油绳，再用卖油绳的钱买帽子，

méi xiǎngdào yóushéng hái méi mài , jiù dào shāngdiàn lái
没想到油绳还没卖，就到商店来

le 。 Tā yào děngdào jīntiān wǎnshang bǎ yóushéng màile
了。他要等到今天晚上把油绳卖了

cái yǒu qián , míngtiān cái néng mǎi tā xǐhuan de zhè
才有钱，明天才能买他喜欢的这

dǐng màozi 。 Kě tā jīntiān yè li búhuì zhù zài chéng
顶帽子。可他今天夜里不会住在城

li de 。 Zài chéng li tā méiyǒu qīnqi 。 Tā měi cì
里的。在城里他没有亲戚。他每次

jìn chéng dōu shì màiwán yóushéng jiù huí jiā 。 Zhè cì
进城都是卖完油绳就回家。这次

jìn chéng kànlái tā shì mǎibuchéng màozi le , zhè jǐ
进城看来他是买不成帽子了，这几

tiān tā dàibuchéng màozi le , tā de tóu hái děi bèi
天他戴不成帽子了，他的头还得被

lěng fēng chuī jǐ tiān 。
冷风吹几天。

1 百货商店: department store

Chén Huànshēng méiyǒu mǎichéng màozi , xīnqíng
陈 奂 生 没 有 买 成 帽 子，心 情

bù yúkuài , zǒu zài lù shang , jiù juéde tóu shang
不 愉 快，走 在 路 上，就 觉 得 头 上

yǒu diǎn lěng . Zǒu dào huǒchēzhàn de shíhou , yǐjing
有 点 冷。走 到 火 车 站 的 时 候，已 经

bā diǎn duō le , shíjiān hái zǎo , dànshì yǐjing lái
八 点 多 了，时 间 还 早，但 是 已 经 来

le , tā jiù zhǎole yí kuài dìfang , dǎkāi tā de
了，他 就 找 了 一 块 地 方，打 开 他 的

lǚxíngbāo , bǎ yóushéng bǎile chūlái , kāishǐ mài
旅 行 包，把 油 绳 摆 了 出 来，开 始 卖

yóushéng . Zhèshí chēzhàn shang rén bù shǎo , dàn Chén
油 绳。这 时 车 站 上 人 不 少，但 陈

Huànshēng zhīdào lái mǎi yóushéng de rén bú huì hěn duō ,
奂 生 知 道 来 买 油 绳 的 人 不 会 很 多，

yīnwèi zhè xiē dōu shì chībǎole wǎnfàn lái huǒchēzhàn
因 为 这 些 都 是 吃 饱 了 晚 饭 来 火 车 站

de , yìbān bú huì mǎi tā de yóushéng , chúle
的，一 般 不 会 买 他 的 油 绳，除 了

yǒuxiē xiǎoháir xiǎng chī , xiǎng mǎi , dàrén cái
有 些 小 孩 儿 想 吃，想 买，大 人 才

huì mǎi . Děng dào wǎn yìdiǎnr de shíhou , fàndiàn
会 买。等 到 晚 一 点 儿 的 时 候，饭 店

dōu guānmén le , xià huǒchē de lǚkè cái huì mǎi tā
都 关 门 了，下 火 车 的 旅 客 才 会 买 他

de yóushéng . Tā zhīdào jiǔ diǎn sìshí fēn , shí diǎn
的 油 绳。他 知 道 九 点 四 十 分、十 点

bàn yǒu liǎng tàng huǒchē dào zhàn . Tā yào děngdào
半 有 两 趟 ¹ 火 车 到 站。他 要 等 到

1 趟: (classifier) in-
dicating trip or trips
made
e.g. 你坐哪趟火车去北
京?
e.g. 我上个月又去了一
趟上海。

nà shíhou cáinéng màidiào yóushéng . Rúguǒ shí diǎn
那时候才能卖掉油绳。如果十点

bàn màibudiào , shíyī diǎn èrshí fēn hái yǒu yí tàng
半卖不掉，十一点二十分还有一趟

huǒchē , búguò tài wǎn le . Huí jiā yǒu sānshí lǐ lù
火车，不过太晚了。回家有三十里路

a , jiùshì pǎobù huíqù yě yào yí gè duō zhōngtóu
啊，就是跑步回去也要一个多钟头

ne . Rúguǒ yóushéng màibuwán , Chén Huànshēng jiù
呢。如果油绳卖不完，陈奂生就

dǎsuàn bǎ shèng de yóushéng dài huíqù , tā xiǎng zǎo
打算把剩的油绳带回去，他想早

diǎnr huí jiā shuìjiào .
点儿回家睡觉。

ChénHuànshēng quèshí hěn yǒu jīngyàn , jīntiān
陈奂生确实很有经验，今天

tā de yóushéng mài de búcuò . Shí diǎn bàn yǐhòu ,
他的油绳卖得不错。十点半以后，

Chén Huànshēng de yóushéng jiù yǐjīng quánbù màiwán
陈奂生的油绳就已经全部卖完

le . Xià chē de lǚkè dōu zǒu tā zhèr , dàjiā
了。下车的旅客都走他这儿，大家

qīshǒu-bājiǎo¹ , dōu lái mǎi yóushéng , bǎ Chén
七手八脚¹，都来买油绳，把陈

Huànshēng de tóu dōu gǎohūn² le , máng bu guòlái ,
奂生的头都搞昏²了，忙不过来，

děng màiwán yí suànqián , tā shǎo shōule sān jiǎo qián .
等卖完一算钱，他少收了三角钱。

Yīnwèi tóu hūn , tā yǐwéi suàncuò le , yòu rènzhēn
因为头昏，他以为算错了，又认真

1 七手八脚: with ev-
eryone lending a hand
🄴.🄶.大家七手八脚把院
子打扫干净了。

2 昏: dizzy

suànle yí biàn， háishi shǎo sān jiǎo qián， kànlái yǒu
算了一遍，还是少三角钱，看来有

yí gè rén nále tā de yóushéng méi gěi qián． Tā
一个人拿了他的油绳没给钱。他

tànle yì kǒu qì， zhēn dǎoméi¹． Mài yóushéng de
叹了一口气，真倒霉¹。卖油绳的

shíhou， tā zǒngshì tèbié xiǎo xīn， kěshì zhè cì
时候，他总是特别小心，可是这次

tā háishi shǎo shōule qián， zhēnshi méi bànfǎ， tā
他还是少收了钱，真是没办法，他

de liǎng zhī yǎnjing kān bu guòlái． Zhè cì tā shì
的两只眼睛看不过来。这次他是

dǎoméi le， bùguǎn zěnme shuō， háishi zhuànle
倒霉了，不管怎么说，还是赚了

yìdiǎnr．
一点儿。

Tā yòu tànle kǒu qì， zhǔnbèi huíqù le．
他又叹了口气，准备回去了。

Shéi zhī yí zhàn qǐlái， shuāng tuǐ fā ruǎn， méiyǒu
谁知一站起来，双腿发软，没有

lìqi， gǎndào tóu hūn． Tā chīle yì jīng²，
力气，感到头昏。他吃了一惊²，

xīnqíng tūrán jǐnzhāng qǐlái． Tā xiǎng， shì bu shì
心情突然紧张起来。他想，是不是

shēngbìng le？ Gāngcái mài yóushéng， jīngshén jǐnzhāng，
生病了？刚才卖油绳，精神紧张，

máng bu guòlái， méiyǒu juéde bù shūfu， xiànzài
忙不过来，没有觉得不舒服，现在

jìng xiàlái， cái gǎndào shēntǐ bù shūfu le． Tā
静下来，才感到身体不舒服了。他

1 倒霉: have a bad luck
2 吃了一惊: getting a surprise

感到嗓子不舒服，说不出话了，脸
也发热，摸摸头，果然发高烧了。
一阵[1]阵冷风吹着头，真是难受。
他没有办法。他感到很渴，只想喝
一杯热茶。可是太晚了，已经买不到
茶水了，他突然想起车站里有个地方
有开水[2]，他就艰难地慢慢走过去。
到了那里，他找到了开水，可是没有
杯子。现在的旅客一般都是自己带喝
水杯子。旅客这样做很讲卫生，对
身体健康有好处。可是也有不方便
的时候，像陈奂生这种情况，
没有杯子就不方便了。陈奂生
没办法，就只好用双手接水喝。
开水有点儿烫，但陈奂生的手很

1 阵: (classifier) used for short period of wind, rain, ache, etc.

e.g. 一阵风；一阵雨

2 开水: boiled water

热，他不觉得烫手。喝了几口开水，

他觉得好了一点儿。但是想到要走回

家，他感到很难。一般情况下，回

家的那三十里路对他来说是一件很

容易的事。可是现在，回家的三十里

路好像是十万八千里，真是太远了。

他身体不舒服，只好找个地方坐下。

他想，他今天的经历是因为他没有

先买帽子，冷风吹了头，才生病

的。如果他带上钱，买了帽子再卖

油绳，就不会生病了。真是后悔

啊！

现在后悔也没用了，他回不了

家了，坐在这儿，真是难受。今天

算是倒霉了，不仅少收三角钱，

而且还病了。万一¹他的病严重
起来，没有人照顾，又不能看医生，
那不就死了吗？可是陈奂生又
一想，他是个男子汉，是个好人，
从来没做过坏事，怎么会死呢？他
觉得他应该多活几年，多种几年
地，他不应该想到死，为什么现在
就想到死呢？想到这里，陈奂生
高兴起来，他的嘴很干，笑不出
声音，但是脸上出现了笑容。他
轻轻地叹了一口气，把放在椅子上
的右手 轻轻提了起来，在右腿上
轻轻地拍着，好像听到了美丽的
音乐，然后躺在椅子上 睡着了。

1 万一: in case
e.g.把伞带上，万一下
雨呢！

Sān

三

Děng tā xǐnglái, tiān yǐjīng dà liàng le, Chén
等他醒来，天已经大亮了，陈

Huànshēng gǎndào shēntǐ méi lìqi, tóu hūn, sǎngzi
奂生感到身体没力气，头昏，嗓子

bù shūfu, késoule jǐ shēng; tā bù xiǎng zhēng[1]
不舒服，咳嗽了几声；他不想睁[1]

yǎnjing, fānle shēn yòu xiǎng jiēzhe shuìjiào. Kěshì
眼睛，翻了身又想接着睡觉。可是

yì fān shēn, tā gǎndào shēntǐ xiàmiàn hěn ruǎn. Tā
一翻身，他感到身体下面很软。他

yòng shǒu yì mō, shēn xià de dōngxi shì ruǎn de; tā
用手一摸，身下的东西是软的；他

qǐ shēn, dī tóu yí kàn, zìjǐ shì shuì zài yì
起身，低头一看，自己是睡在一

zhāng dà chuáng shang. Chén Huànshēng chīle yì jīng,
张大床上。陈奂生吃了一惊，

gǎnmáng tǎngpíng le, yòu bìshàngle yǎnjing. Tā
赶忙躺平了，又闭上了眼睛。他

yào nòng qīngchu[2] tā zěnme dào zhèlǐ lái le. Tā
要弄清楚[2]他怎么到这里来了。他

hǎoxiàng xiǎng qǐlái le, dànshì yòu jì bu qīngchu,
好像想起来了，但是又记不清楚，

tā yòu zǐxì xiǎngle xiǎng, hǎo bù róngyì cái xiǎngqǐle
他又仔细想了想，好不容易才想起了

Wú shūjì hé tā de qìchē, tā hǎoxiàng tūrán
吴书记[3]和他的汽车，他好像突然

míngbaile, shì Wú shūjì bāngle tā. Tā kāishǐ
明白了，是吴书记帮了他。他开始

1 睁: to open (eyes)
2 弄清楚: make clear
3 吴书记: Secretary Wu, who is the Party secretary of the county as well as the leader of the county

màn màn de xiǎngzhe .
慢 慢 地 想 着。

Chén Huànshēng zhè yì nián zhēn jiāole hǎo yùn ,
陈 奂 生 这 一 年 真 交 了 好 运 [1],

yí yùdào kùnnan , jiù yǒu hǎorén bāng tā . Zuótiān
一 遇 到 困 难, 就 有 好 人 帮 他 [2]。昨 天

yè li , tā fā gāoshāo , zài chēzhàn de yǐzi shang
夜 里, 他 发 高 烧, 在 车 站 的 椅 子 上

hūn shuì . Bùjiǔ , xiànwěi Wú shūjì zuòzhe qìchē
昏 睡。不 久, 县 委 吴 书 记 坐 着 汽 车

láidàole chēzhàn . Wú shūjì xìng Wú , jiào Wú Chǔ .
来 到 了 车 站。吴 书 记 姓 吴, 叫 吴 楚。

Wú Chǔ yào zuò shí'èr diǎn shíwǔ fēn de nà tàng chē dào
吴 楚 要 坐 十 二 点 十 五 分 的 那 趟 车 到

shěng li qù cānjiā míngtiān de huìyì . Dào huǒchēzhàn
省 里 去 参 加 明 天 的 会 议。到 火 车 站

shí , cái shíyī diǎn sìshí fēn , Wú Chǔ yě jiù
时, 才 十 一 点 四 十 分, 吴 楚 也 就

bù zháojí , zài hòuchēshì li láihuí zǒudòng . Tā
不 着 急, 在 候 车 室 里 来 回 走 动。他

de sījī yìbān yào děng tā jìnle zhàntái cái zǒu ,
的 司 机 一 般 要 等 他 进 了 站 台 才 走,

wànyī Wú Chǔ yǒu shì zhǎobudào rén zěnme bàn , suǒyǐ
万 一 吴 楚 有 事 找 不 到 人 怎 么 办, 所 以

sījī yě jiù méi zǒu . Yīnwèi shì bànyè , hòuchēshì
司 机 也 就 没 走。因 为 是 半 夜, 候 车 室

lǚkè bù duō , Wú Chǔ tūrán fāxiànle shuì zài yǐzi
旅 客 不 多, 吴 楚 突 然 发 现 了 睡 在 椅 子

shang de Chén Huànshēng . Yí kàndào Chén Huànshēng ,
上 的 陈 奂 生。一 看 到 陈 奂 生,

1 交了好运: have a good luck
2 一遇到困难，就有好人帮他: As soon as he had difficulties, there are good people to help him.
一…就…: as soon as
e.g.他一走进房间，电话就响了。

Wú Chǔ jiù xiào le . Wú Chǔ yǐqián zài Chén Huànshēng
吴楚就笑了。吴楚以前在陈奂生

de cūnzi li zhùguo liǎng gè yuè , lìkè jiù rènchū
的村子里住过两个月，立刻就认出

tā lái le . tā xīnxiǎng . zhège chúnpǔ . lǎoshi
他来了，他心想，这个纯朴、老实

de nóngmín zěnme zài zhèr shuìzháo le ? Rúguǒ
的农民[1]怎么在这儿睡着了？如果

yào gǎn huǒchē , shuìzháo le , nà bú jiù máfan le .
要赶火车，睡着了，那不就麻烦了。

Wú Chǔ zǒu guòqù jiàoxǐng tā , tuīle tuī tā ; yòu
吴楚走过去叫醒他，推了推他；又

fāxiàn zài tā de pìgu xiàmiàn , fàngzhe yí gè bāo .
发现在他的屁股下面，放着一个包。

Wú Chǔ xīnli xiǎng , shì bu shì Chén Huànshēng de
吴楚心里想，是不是陈奂生的

dōngxi bèi tōu le ? Jiù yòu tuīle tā jǐ xià , Chén
东西被偷了？就又推了他几下，陈

Huànshēng háishi bù xǐng . Wú Chǔ gēn nóngmín hěn
奂生还是不醒。吴楚跟农民很

suíbiàn , jīngcháng hé nóngmín kāi wánxiào . Zhèshí tā
随便，经常和农民开玩笑。这时他

xiǎng gēn Chén Huànshēng kāi wánxiào , jiù qù zhuā tā
想跟陈奂生开玩笑，就去抓[2]他

de bízi . Tā yì mōdào Chén Huànshēng de liǎn ,
的鼻子。他一摸[3]到陈奂生的脸，

gǎndào hěn tàng , cái zhīdào tā bìng le , mǎshàng jiù
感到很烫，才知道他病了，马上就

bǎ tā jiàoxǐng .
把他叫醒。

1 纯朴、老实的农民:
a simple and honest
farmer

2 抓: to seize, to catch

3 摸: feel by touch

这些事情，陈奂生当然不知道。现在能想起来的，是自己看到吴楚之后，就抓住吴楚的手。听到吴楚问他："你病了吗？"他点点头。吴楚又问他："你怎么到这里来的？"他就去摸了摸旅行包。吴楚问他："包里的东西呢？"他就笑了一笑。当时他说了什么，他想不起来了，只记得吴楚好像已经完全明白了他的意思，便和司机扶[1]他上了汽车。车子开了一段路，他们叫开了一家门，是门诊室[2]。他们扶他下了车，走进去，见到了一个穿白衣服的人，他知道那是医生。医生给他看了病，对吴

1 扶: to support with the hand
2 门诊室: clinic

Chǔ xiàozhe shuō, Chén Huànshēng de bìng bù yánzhòng,
楚笑着说，陈奂生的病不严重，

zhǐshì déle zhòng gǎnmào. Yīshēng gěi Chén
只是得了重感冒。医生给陈

Huànshēng dàole yì bēi shuǐ, ràng tā chīle jǐ piàn
奂生倒了一杯水，让他吃了几片

yào, yòu bāole yìdiǎn fàng zài tā de kǒudai li,
药，又包了一点放在他的口袋里，

yě méi shōu tā de qián, ránhòu bāngzhe Wú Chǔ bǎ
也没收他的钱，然后帮着吴楚把

tā fúshàngle chē. Yīshēng shuō: "Wǒ zhèr méiyǒu
他扶上了车。医生说："我这儿没有

chuáng, zhù zhāodàisuǒ ba, ānpái yì jiān
床，住招待所¹吧，安排一间

ānjìng yìdiǎnr de fángjiān shuì yí yè jiù hǎo le."
安静一点儿的房间睡一夜就好了。"

Chēzi yòu kāidòng le. Chén Huànshēng yòu tīngjiàn
车子又开动了，陈奂生又听见

Wú Chǔ duì sījī shuō: "Hái yǒu shísān fēnzhōng,
吴楚对司机说："还有十三分钟，

huǒchē jiù yào kāi le, xiān sòng wǒ shàng chēzhàn,
火车就要开了，先送我上车站，

zài sòng Chén Huànshēng shàng zhāodàisuǒ, gěi tā yí
再送陈奂生上招待所，给他一

gè fángjiān, jiù shuō shì wǒ de péngyou …… "
个房间，就说是我的朋友……"

Chén Huànshēng xiǎngdào zhèlǐ, tā tīngjiàn
陈奂生想到这里，他听见

zìjǐ de xīn tiào de hěn kuài. Tā bìshàng yǎnjing,
自己的心跳得很快。他闭上眼睛，

1 招待所: hostel, guesthouse

liúchūle   yǎnlèi . Zhège Wú shūjì zhēnshi dà hǎo
流出了眼泪。这个吴书记真是大好

rén ， yí gè xiànwěi shūjì ， xiàn li de dà lǐngdǎo ，
人，一个县委书记，县里的大领导，

hái zhème guānxīn yí gè pǔtōng nóngmín ， hái bǎ
还这么关心一个普通农民，还把

tā dàng péngyou . Zài tā déle jǐ bìng de shíhou ，
他当朋友。在他得了急病的时候，

bāngzhù tā kàn bìng ， tā tài hǎo le .
帮助他看病，他太好了。

Chén Huànshēng jiēzhe xiǎng ， tā hé Wú shūjì
陈奂生接着想，他和吴书记

zhǐshì rènshi ， tāmen zhījiān méiyǒu tài shēn de
只是认识，他们之间¹没有太深的

péngyou jiāoqing ， Rúguǒ shuō yǒu shénme péngyou
朋友交情²。如果说有什么朋友

jiāoqing ， yě yǒu yìdiǎnr . Jìde yí gè qiūtiān ，
交情，也有一点儿。记得一个秋天，

Wú shūjì dào nóngcūn gōngzuòle yí duàn shíjiān . Yǒu
吴书记到农村工作了一段时间。有

yì tiān Wú shūjì tūrán lái dào tā jiā ， hái chīle
一天吴书记突然来到他家，还吃了

yí dùn biànfàn . Wú shūjì hǎoxiàng shì lái kànkan tā
一顿便饭³。吴书记好像是来看看他

zhège " lòudǒu hùzhǔ " de shēnghuó zěnmeyàng ，
这个"漏斗户主"的生活怎么样，

shēnghuó shì bu shì bǐ yǐqián hǎo le . Wú shūjì hái
生活是不是比以前好了。吴书记还

dàiláile yì jīn táng ， gěi tā de háizimen chī .
带来了一斤糖，给他的孩子们吃。

---

1 他们之间: between them

之间: between or among

2 交情: fellowship

3 一顿便饭: a simple meal

顿: (classifier) for meals

便饭: a homely meal

Zǐxì suàn qǐlái, yì jīn táng de qián děngyú liǎng
仔细算起来，一斤糖的钱 等于 两

dùn fàn de qián. Suīrán Wú shūjì chīle tā yí dùn
顿饭的钱。虽然吴书记吃了他一顿

fàn, kě gěile tā yì jīn tángkuài, zhè hái suàn
饭，可给了他一斤糖块，这还算

shénme jiāoqing ne！Shuōlái shuōqù, háishi Wú shūjì
什么交情呢！说来说去，还是吴书记

shì gè dà hǎo rén, dāngle guān yě bú wàngjì yí gè
是个大好人，当了官[1] 也不忘记一个

xiàng Chén Huànshēng zhèyàng de pǔtōng nóngmín.
像 陈 奂 生 这样的普通农民。

Chén Huànshēng xiǎngdào zhèlǐ, xīnli gǎndào
陈 奂 生 想到这里，心里感到

hěn nuǎnhuo, yǎnlèi yòu liú chūlái le. Tā yòng
很暖和，眼泪又流出来了。他用

bèizi cāle cā yǎnlèi, zhēngkāi yǎnjing, rènzhēn
被子擦了擦眼泪，睁开眼睛，认真

de kànkan tā zhù de zhège dìfang, tā yòu chīle
地看看他住的这个地方，他又吃了

yì jīng. Yuánlái zhè fángjiān li de yíqiè dōu shì xīn
一惊。原来这房间里的一切都是新

de, fángjiān fēicháng piàoliang, tiānhuābǎn báibái
的，房间非常漂亮，天花板[2] 白白

de, qiáng yě báibái de, dìbǎn shì hóng de, cā
的，墙也白白的，地板是红的，擦

de hěn liàng, dōu néng zhàochū rényǐng lái. Hóngsè de
得很亮，都能照出人影来。红色的

guìzi, huángsè de zhuōzi, hái yǒu liǎng zhāng hěn
柜子，黄色的桌子，还有两张很

1 官: government official
2 天花板: ceiling

大、很矮的椅子（沙发），陈奂生
不知道叫什么。再看床上，新
床单，雪白的被子，样样都是
新的。陈奂生立刻感到有些不
好意思[1]了。他知道自己身上，
特别是脚不干净。他怕弄脏了被子
就起来了，轻轻地穿好了衣服，
不敢发出一点儿声音来，好像
做错了什么事，怕被人发现。他
下了床，把鞋提在手里，光脚[2]
跑了出去；又回头看着那两张大
椅子，走近摸一摸，很软，但是
不敢坐，怕坐坏了。然后他轻轻地
打开门，走出去了。

来到走廊[3]里，他感到脚上很

1 **不好意思**: shy, embarrassed

e.g. 他不好意思在很多人面前跳舞。

2 **光脚**: barefooted

光: bare

e.g. 光头 (bareheaded)

3 **走廊**: corridor

lěng， yí kàn biérén dōu chuānzhe xié zǒulù， zhīdào
冷，一看别人都穿着鞋走路，知道

zài zǒuláng li shì kěyǐ chuān xié， tā yě chuānshàngle
在走廊里是可以穿鞋，他也穿上了

xié。 Tā xīn xiǎng： Wú shūjì duì wǒ zhàogù de tài
鞋。他心想：吴书记对我照顾得太

hǎo le。 Tīngshuō zhāodàisuǒ de fángjiān shì hěn guì
好了。听说招待所的房间是很贵

de。 Xiàng zhèyàng hǎo de fángjiān， bù zhī yào duōshao
的。像这样好的房间，不知要多少

qián， zài zhèr zhù yí yè de qián kěnéng shì mǎi yì
钱，在这儿住一夜的钱可能是买一

dǐng màozi de qián， zhèr bú shì wǒ zhù de dìfang！
顶帽子的钱，这儿不是我住的地方！

Wǒ méiyǒu qián zhù zhèyàng guì de fángjiān。 Wǒ zìjǐ
我没有钱住这样贵的房间。我自己

cái bú huì dào zhèr lái zhù ne。
才不会到这儿来住呢。

Tā xīnli zháojí， dānxīn qián de shì， xiǎng
他心里着急，担心钱的事，想

mǎshàng nòng qīngchu fángqián shì duōshao。 Tā yào zǒu
马上弄清楚房钱是多少。他要走

le， háishi xiān qù fù qián ba。
了，还是先去付钱吧。

Tā zǒu dào ménkǒu guìtái， cháo lǐmiàn zhèngzài
他走到门口柜台¹，朝里面正在

kàn bàozhǐ de dà gūniang shuō：" Tóngzhì， fù qián。"
看报纸的大姑娘说："同志，付钱。"

" Jǐ hào fángjiān？" Nà dà gūniang yìbiān
"几号 房间？"那大姑娘一边

1 柜台: reception
desk

kànzhe bàozhǐ， yìbiān shuō， méiyǒu kàn tā．
看着报纸，一边说，没有看他。

"Jǐ hào bù zhīdào． Wǒ zhù zài zuì lǐbiān de
"几号不知道。我住在最里边的

nà yì jiān．"
那一间。"

Nà gūniang mǎshàng diūkāi bàozhǐ， cháo tā
那姑娘马上丢开报纸，朝他

kànkan， xiàozhe shuō："Nǐ shì Wú shūjì qìchē
看看，笑着说："你是吴书记汽车

sònglái de ba？ Nǐ shēntǐ hǎole ma？"
送来的吧？你身体好了吗？"

"Hǎo le， wǒ yào huíqù le．"
"好了，我要回去了。"

"Búyòng jí， nǐ hé Wú shūjì shì lǎopéngyou
"不用急，你和吴书记是老朋友

ma？ Xiànzài nǐ zài nǎlǐ gōngzuò？ … " Dà
吗？现在你在哪里工作？……" 大

gūniang yìbiān gēn tā shuōhuà， yìbiān jiù bǎ kāihǎo
姑娘一边跟他说话，一边就把开¹ 好

de fāpiào jiāo gěi tā． Dà gūniang zhǎng de hěn měi．
的发票² 交给他。大姑娘长得很美。

Chén Huànshēng kànkan tā， tā zhēn piàoliang a！
陈奂生看看她，她真漂亮啊！

Dànshì， dāng tā jiēguo fāpiào， dī tóu yí
但是，当他接过发票，低头一

kàn， Chén Huànshēng chīle yì jīng． Tā rènshi nà
看，陈奂生吃了一惊。他认识那

jǐ gè zì， dànshì bù xiāngxìn．"Duōshao qián？"
几个字，但是不相信。"多少钱？"

1 开: write out, such
as cheque, prescrip-
tion and invoice, etc.
e.g. 医生给我开了一个
药方。
e.g. 开介绍信; 开支票。
2 发票: receipt

Tā wèn, tā lìkè gǎndào quánshēn dōu zài fārè.
他问，他立刻感到全身都在发热。

"Wǔ yuán."
"五元。"

"Jiù zhù yì tiān?" Tā chū hàn le.
"就住一天？"他出汗[1]了。

"Zhù yí yè wǔ yuán qián."
"住一夜五元钱。"

Chén Huànshēng de xīn tiào de hěn kuài. "Wǒ
陈奂生的心跳得很快。"我

de tiān!" Tā xiǎng, "Wǒ dānxīn zhùle yí
的天！[2]"他想，"我担心住了一

yè, dàgài shì liǎng yuán duō, kěnéng zhùdiào yì
夜，大概是两元多，可能住掉一

dǐng màozi, shéi zhīdào, zhù yí yè yào wǔ yuánqián,
顶帽子，谁知道，住一夜要五元钱，

kěyǐ mǎi liǎng dǐng màozi le!"
可以买两顶帽子了！"

"Nǐ de bìng hái méiyǒu hǎo, nǐ hái zài chū hàn
"你的病还没有好，你还在出汗

ne!" Dà gūniang kànzhe tā liǎn shang de hàn, duì
呢！"大姑娘看着他脸上的汗，对

tā shuō.
他说。

Kěshì Chén Huànshēng shuōle yí jù: "Wǒ shì
可是陈奂生说了一句："我是

bànyè li lái de ya!" Tā zhēnshi bù gāi shuō zhè jù
半夜里来的呀！"他真是不该说这句

huà. Dànshì tā cónglái méi zhùguo zhāodàisuǒ, tā
话。但是他从来没住过招待所，他

1 出汗: to sweat
2 我的天！: My God!

不知道住招待所是多少钱，怎么算
的，他只是觉得太贵了。大姑娘立刻
看出他不是一个重要人物[1]，她不笑
了，对他说话也不耐心了。

　　她说："不管你什么时候来，住
到今天中午十二点，都收一天钱。"
她这样说还算是[2]客气的。因为吴
书记的面子，大姑娘没有笑话他。

　　陈奂生看着她那冷冷的脸，
知道自己说错了话，让她生气了，
哪里还敢再说话，只好把手伸进
口袋里去摸钱，然后认真地数了三
遍，是五元钱；但当他把钱交给大
姑娘时，外面一张钱，已经快湿
了，是手上的汗弄湿的。他出了太

1 重要人物: VIP
2 算是: be regarded as

e.g 他算是我最好的朋友了。

duō de hàn .
多的汗。

Zhèshí dà gūniang yǐjīng zài kàn bàozhǐ le ,
这时 大 姑 娘 已 经 在 看 报 纸 了,

kànjiàn Chén Huànshēng de qián dōu shì língqián .   jiù
看见 陈 奂 生 的 钱 都 是 零 钱, 就

biǎoxiàn chū bú nàifán   de yàngzi . Dàn tā méi shuō
表现出 不 耐 烦[1] 的 样子。但 她 没 说

shénme , bǎ língqián shōu le .
什么, 把 零 钱 收 了。

Chén Huànshēng xiǎng ,   zìjǐ   huāle zhème duō
陈 奂 生 想, 自 己 花 了 这 么 多

de qián .   dà gūniang hái bù gāoxìng . Tā   xīnli   yě
的 钱, 大 姑 娘 还 不 高 兴。他 心 里 也

bù gāoxìng , xiǎng lìkè zǒule suàn le .   Kěshì
不 高 兴, 想 立 刻 走 了 算 了[2]。可 是

xiǎngdào lǚxíngbāo hái diū zài fángjiān li , jiù yòu zǒu
想 到 旅 行 包 还 丢 在 房 间 里, 就 又 走

huílái .
回来。

Tuīkāi fángjiān ,   kànzhe guāngliàng de dìbǎn ,
推开 房 间, 看 着 光 亮 的 地 板,

zhàn zài ménkǒu de tā   xīnli xiǎng , tuō bu tuō xié
站 在 门 口 的 他 心 里 想, 脱 不 脱 鞋

ne ? Tā xiǎng , bù tuō xié le ,   huāle wǔ kuài
呢? 他 想, 不 脱 鞋 了, 花 了 五 块

qián le , zài yě bú pà nòngzāng dìbǎn le . Tā
钱 了, 再 也 不 怕 弄 脏 地 板 了。他

zǒujìnle fángjiān , wǎng dà   yǐzi shang yí zuò ,
走 进 了 房 间, 往 大 椅 子 上 一 坐,

1 不耐烦: impatient
2 算了: let it be
e.g 他不愿意去，就算
了，咱们自己去!

xiǎng : " Guǎn tā ne , zuòhuàile gēn wǒ yě méi
想 : "管 它 呢¹, 坐坏了跟我也没

guānxì , wǒ chūle wǔ kuàiqián ne . "
关系, 我出了五块钱呢。"

Tā è le , mōmo kǒudai li hái shèng yí
他饿了, 摸摸口袋里还剩一

kuài bǐngzi , ná chūlái chīle yì kǒu , kànjiànle
块 饼子, 拿出来吃了一口, 看见了

rèshuǐpíng , yòu qù dàole yì bēi kāishuǐ . Huí
热水瓶, 又去倒了一杯开水。回

tóu kàn gāngcái zuò de dà yǐzi , méiyǒu huài ,
头看刚才坐的大椅子, 没有坏,

tā zhàn qǐlái , zuòxià , qǐlái , zuòxià ,
他站起来, 坐下, 起来, 坐下,

qǐlái , … tā shìle sān cì , yǐzi háishi
起来, ……他试了三次, 椅子还是

méiyǒu zuòhuài , tā cái xiāngxìn dà yǐzi zhēnshi hǎo
没有坐坏, 他才相信大椅子真是好

dōngxi . Ránhòu tā jiù fàngxīn de zuò zài dà yǐzi
东西。然后他就放心地坐在大椅子

shang chī bǐngzi . Tā juéde hěn shūfu , tóu yě bù
上吃饼子。他觉得很舒服, 头也不

hūn le , xiànzài gǎnjué bù fāshāo le . Kànlái shì
昏了, 现在感觉不发烧了。看来是

gāngcái chūle yì shēn dà hàn , tuìshāo le . Tā
刚才出了一身大汗, 退烧²了。他

shì yí gè xīn kuān de rén . Zhèshí tā gǎndào hěn
是一个心宽³的人。这时他感到很

gāoxìng , xīnli xiǎng , zhè wǔ yuán qián jiù děngyú shì
高兴, 心里想, 这五元 钱就等于是

1 **管它呢**: whatever
e.g. 管它呢, 这件事与
我无关。

2 **退烧**: bring down a
fever

3 **心宽**: broad-minded,
tolerant

mǎi yào chīle ba — bìnghǎole jiù xíng le ! Bié
买 药 吃了吧——病好了就行了！别

xiǎng nàme duō le .
想那么多了。

　　Chīwán bǐngzi , xiǎngle xiǎng , tā yòu kāishǐ
吃完饼子，想了想，他又开始

hòuhuǐ nà wǔ yuán qián le , nà kěshì wǔ yuán qián
后悔那五元钱了，那可是五元 钱

na ! Tā zuótiān wǎnshang zài bǎihuò shāngdiàn kànhǎo de
呐！他昨天 晚上在百货商店看好的

màozi , cái èr yuán wǔ jiǎo , wèi shénme zài zhāodàisuǒ
帽子，才二元五角，为什么在招待所

zhùle yí yè yào wǔ yuán qián? Wǒ kěyǐ yòng wǔ yuán
住了一夜要五元钱？我可以用五元

qián mǎi liǎng dǐng màozi le . Qùnián de shíhou , gàn
钱买两顶帽子了。去年的时候，干

yì tiān de nónghuó cái néng dédào qī jiǎo qián . Qī tiān
一天的农活才能得到七角 钱。七天

cái néng dédào sì yuán jiǔ jiǎo . Xiàng tā zhèyàng yí gè
才能得到四元九角。像他这样一个

pǔtōng nóngmín , tā bìxū gàn qī tiān de nónghuór
普通 农民，他必须干七天的农活儿

cái zhuàngòu zhù yí yè zhāodàisuǒ de qián , hái yào zài
才赚够住一夜招待所的钱，还要再

jiāshang yì jiǎo qián . Zhù zhèyàng de zhāodàisuǒ duì tā
加上一角钱。住这样的招待所对他

lái shuō , jiǎnzhí shì kāile gè dà wánxiào ! Cóng
来说，简直¹是开了个大玩笑！从

zuótiān bànyè dào xiànzài , zǒnggòng búguò qī-bā gè
昨天半夜到现在，总共不过七八个

1 简直:simply, virtually

zhōngtóu, chàbuduō zhù yí gè zhōngtóu yào gàn yì tiān
钟头，差不多住一个钟头要干一天

de nónghuór, zhēnshi tài guì le. Xiàng tā zhèyàng
的农活儿，真是太贵了。像他这样

de nóngmín zěnme néng zài zhème guì de chuáng shang
的农民怎么能在这么贵的 床 上

shuìjiào ne！ Zhēnshi yīnchā-yángcuò. Dà gūniang
睡觉呢！真是 阴差阳错 [1]。大姑娘

shuō kěyǐ zhù dào shí'èr diǎn, nà jiù zài shuì yíhuìr
说可以住到十二点，那就再睡一会儿

ba, shuì dào shí'èr diǎn zhōng zài zǒu. Zhè shì gè hǎo
吧，睡到十二点 钟再走。这是个好

zhǔyi. Duì, zài shuì liǎng gè zhōngtóu.
主意。对，再睡 两个钟头。

……

Chén Huànshēng gāngcái chūle hàn, chīle
陈 奂 生 刚才出了汗，吃了

dōngxi, liǎn shang zuǐ shang, dōu gǎndào bù shūfu,
东西，脸上嘴上，都感到不舒服，

xiǎng xǐxi liǎn, huòzhě cāca liǎn, kěshì tā méiyǒu
想洗洗脸，或者擦擦脸，可是他没有

zhǎodào cā liǎn de dōngxi, jiù bǎ zhěnjīn ná qǐlái
找到擦脸的东西，就把枕巾 [2] 拿起来

cā liǎn, ránhòu yīfu yě bù tuō, lāguò bèizi,
擦脸，然后衣服也不脱，拉过被子，

jiù tǎng zài chuáng shang shuìjiào. Tā xīn xiǎng, zhè yí
就躺在 床 上 睡觉。他心想，这一

cì tā zài yě bú pà nòngzāng shénme le, tā chūle
次他再也不怕弄脏什么了，他出了

1 阴差阳错: a mis-
take or error due to a
strange combination
of circumstances
2 枕巾: pillow towel

wǔ yuán qián ne .
五元 钱呢。

　　Kěshì tā shuìbuzháo , tā xiǎngqǐle Wú
可是 他 睡不着， 他 想起了 吴

shūjì . Zhège hǎorén , dàgài zhǐ xiǎngdào guānxīn
书记。 这个 好人， 大概 只 想到 关心

tā , méiyǒu xiǎngdào tā zhège rén zhùbuqǐ zhèyàng
他， 没有 想到 他 这个 人 住不起 这样

gāojí de fángjiān . Bùguò rénjia mángzhe gǎn huǒchē ,
高级的 房间。 不过 人家 忙着 赶 火车，

nǎ néng xiǎng de nàme xì ! Háishi yīnggāi guài [1]
哪能 想 得 那么 细! 还是 应该 怪

zìjǐ , guài zìjǐ bù zǎo diǎnr mǎi màozi , cái
自己， 怪 自己 不早 点儿 买 帽子， 才

gǎnmào fāshāo le , cái zǒubudòng , shuì zài chēzhàn ,
感冒 发烧了， 才 走不动， 睡 在 车站，

cái pèngjiàn Wú shūjì , cái zhù zhāodàisuǒ , cái bǎ
才 碰见 吴 书记， 才 住 招待所， 才 把

mài yóushéng de qián dōu yòngwán le . Nàme , tā
卖 油绳 的 钱 都 用 完了。 那么， 他

xiànzài hái mǎi bu mǎi màozi ne ? Tā xiǎngle xiǎng ,
现在 还 买 不 买 帽子 呢? 他 想了 想，

zuìhòu háishi juédìng : Mǎi , rúguǒ bù mǎi hái yào
最后 还是 决定： 买， 如果 不 买 还 要

dǎoméi de !
倒霉的!

　　Chén Huànshēng xiǎngdàole yóushéng , gǎnjué
　　陈 奂 生 想到了 油绳， 感觉

è le . Tā suīrán chīle yí kuài bǐngzi , dànshì
饿了。 他 虽然 吃了 一块 饼子， 但是

1 怪: to blame

méi chībǎo . Zuótiān yè li shēngyì tài hǎo , yóushéng
没吃饱。昨天夜里生意太好，油绳

quán màiwán le , rúguǒ néng shèng jǐ dài duō hǎo
全卖完了，如果能 剩几袋多好

a ! Xiànzài hòuhuǐ yě wǎn le . Rúguǒ zài zhèr
啊！现在后悔也晚了。如果在这儿

shuìjiào , huì yuèláiyuè è . Tā shēn shang méiyǒu
睡觉，会越来越饿。他身上没有

liángpiào , zhōngwǔfàn dào nǎlǐ qù chī ne ! Dào
粮票[1]，中午饭到哪里去吃呢！到

shíhou è de zǒubudòng , hái yào zài zhèr zhù yí yè
时候饿得走不动，还要在这儿住一夜

ma ? Xiǎngdào zhèr , tā lìkè qǐlái , tízhe
吗？想到这儿，他立刻起来，提着

lǚxíngbāo , lākāi mén jiù zǒu . Zhèr suīrán hǎo ,
旅行包，拉开门就走。这儿虽然好，

yě bú zài zhèr shuìjiào le . Suīrán hái yǒu liǎng-sān
也不在这儿睡觉了。虽然还有两三

gè zhōngtóu cái dào shí'èr diǎn , suànle ba . kuài zǒu
个钟头才到十二点，算了吧，快走

ba , bié shuì le .
吧，别睡了。

Tā zǒuchūle zhāodàisuǒ , shénme dōu méi xiǎng ,
他走出了招待所，什么都没想，

jiù cháo bǎihuò shāngdiàn zǒuqù , yòng shèng de mài
就朝百货商店走去，用剩的卖

yóushéng de qián , mǎile yì dǐng màozi , lìkè dài
油绳的钱，买了一顶帽子，立刻戴

zài tóu shang , jiù huí jiā le .
在头上，就回家了。

1 粮票: coupons for buying food. In 1970s, food was rationed by the government due to a shortage of food.

Yí lù shàng Chén Huànshēng kànkan fēngjǐng, yě
一路上 陈 奂 生 看看 风景，也

bù juéde hěn lèi. Kuàidào jiā de shíhou, tā tūrán
不 觉得 很 累。快到家 的 时候，他 突然

xiǎngdào, zhè cì jìn chéng, bǎ qián dōu yòngwán le,
想到，这次 进 城，把 钱 都 用完 了，

hái bǎ yǐqián zhuàn de qián yě yòngwán le, mǎshàng
还把 以前 赚 的 钱 也 用完 了，马上

yào jiàn lǎopo le, jiāobuchū qián, lǎopo yào
要 见 老婆 了，交不出 钱，老婆 要

mà¹ tā de, zěnme bàn ne? Tā yídìng yào xiǎng
骂¹ 他 的，怎么 办 呢？他 一定 要 想

gè zhǔyi duìfù² tā. Zěnme shuō ne? Jiù shuō
个 主意 对付² 她。怎么 说 呢？就 说

qián shūdiào le, bùxíng, zìjǐ cóng bù dǔbó³.
钱 输掉 了，不行，自己 从 不 赌博³。

Jiù shuō chīdiào le, yě bùxíng, zìjǐ cóng bù
就 说 吃掉 了，也 不行，自己 从 不

dà chī dà hē⁴. Jiù shuō diū le, háishi bùxíng,
大 吃 大 喝⁴。就 说 丢 了，还是 不行，

lǎopo háishi yào mà zìjǐ bù xiǎoxīn. Jiù shuō zuò
老婆 还是 要 骂 自己 不 小心。就 说 做

hàoshì bāngzhùle biérén, gèng bùxíng, zìjǐ dōu
好事 帮助了 别人，更 不行，自己 都

yào biérén bāngzhù. Jiù shuō sòng gěi yí gè dà gūniang
要 别人 帮助。就 说 送给 一 个 大 姑娘

le, bú duì, lǎopo gèng yào huáiyí⁵ wǒ le.
了，不 对，老婆 更 要 怀疑⁵ 我 了。

Nà zěnme bàn ne?
那 怎么 办 呢？

1 骂: to scold

2 对付: deal with

3 赌博: to gamble

4 大吃大喝: eat and
drink extravagantly
e.g.他们用公款大吃大
喝。

5 怀疑: to doubt

Chén Huànshēng zìwèn-zìdá, zuǒsī-yòuxiǎng,
陈 奂 生 自问自答，左思右想[1]，

háishi bù zhīdào gāi zěnme bàn. Tūrán, tā
还 是 不 知 道 该 怎 么 办。 突然， 他

xīnli yí liàng, pāizhe dàtuǐ, gāoxìng de jiàodào:
心 里 一 亮， 拍着 大腿， 高兴 地 叫道：

"Yǒu le." Tā xiǎngdào zhè cì jìn chéng de jīnglì,
"有 了。" 他 想 到 这 次 进 城 的 经历，

duōme yǒu yìsi a, duōme dòngrén a! Tā
多 么 有 意思 啊， 多 么 动人 啊! 他

zǒngsuàn yǒudiǎnr zìháo de dōngxi kěyǐ gēn biérén
总 算 有 点 儿 自豪 的 东西 可以 跟 别人

jiǎng le. Wèn yi wèn, tāmen cūnzi li yǒu shéi
讲 了。 问 一 问， 他们 村子 里 有 谁

zuòguo Wú shūjì de qìchē? Yǒu shéi zhùguo wǔ
坐 过 吴 书记 的 汽车? 有 谁 住 过 五

yuánqián yí yè de gāojí fángjiān? Tā yào bǎ tā de
元 钱 一 夜 的 高级 房间? 他 要 把 他 的

jīnglì jiǎng gěi dàjiā tīngting, kàn shéi hái néng shuō
经历 讲给 大家 听听， 看 谁 还 能 说

tā méiyǒu shénme jiǎng de! Kàn shéi hái néng kànbuqǐ
他 没有 什么 讲 的! 看 谁 还 能 看 不 起[2]

tā… Cūnzi li de hěn duō rén dōu méiyǒu tā de
他…… 村子 里 的 很 多 人 都 没有 他 的

jīnglì. Tā hěn jiāo'ào, tā hěn zìháo, tā de
经历。 他 很 骄傲， 他 很 自豪， 他 的

jīngshén hǎo jíle, tūrán tā hǎoxiàng gāodà
精神 好 极 了[3]， 突然 他 好 像 高大

le hěn duō. Lǎopo yǐjīng bú zài tā yǎn li le.
了 很 多。 老婆 已经 不 在 他 眼 里 了。

1 **左思右想**: think over from different angles; turn sth. over in one's mind
🅔 她躺在床上左思右想睡不着。

2 **看不起**: look down upon

3 **好极了**: extremely excellent

…极了: extremely 忙极了!

Zhǐyào yì tídào Wú shūjì, shuō zhè wǔ kuài qián
只要一提到吴书记，说 这五块钱

shì Wú shūjì ràng tā zhùle zhāodàisuǒ, tā lǎopo
是吴书记让他住了招待所，他老婆

jiù méi huà shuō le. Hā! Rén zǒng yǒu mǎnzú
就没话说了。哈！人 总有满足

de shíhou, tā zhǐ yòngle wǔ kuàiqián jiù mǎidàole
的时候，他只用了五块钱就买到了

jīngshén de mǎnzú, zhēnshi mǎidàole fēicháng piányi
精神的满足，真是买到了非常 便宜

de dōngxi. Tā gāoxìng de, kuàibù de, xiàng yí
的东西。他高兴地、快步地、像一

zhèn fēng yí yàng huídàole jiā.
阵 风一样回到了家。

Guǒrán[1], cóngcǐ[2] yǐhòu, Chén Huànshēng de
果然[1]，从此[2]以后，陈奂生的

shēnfèn[3] tígāo le. cūnzi li de rén dōu xǐhuan tīng
身份[3]提高了，村子里的人都喜欢听

tā jiǎng gùshi le, cūn li gànbù duì tā de tàidù
他讲故事了，村里干部对他的态度

yě hǎo duō le, érqiě, shàng jiē de shíhou,
也好多了，而且，上街的时候，

yě jīngcháng yǒu rén zhǐzhe[4] tā, gàosu biérén
也经常有人指着[4]他，告诉别人

shuō "Tā zuòguo Wú shūjì de qìchē",
说"他坐过吴书记的汽车"，

Huòzhě shuō "Tā zhùguo wǔ yuán qián yì tiān de
或者说"他住过五元 钱一天的

gāojí fángjiān". … Yì tiān, yí gè cǎigòuyuán[5]
高级房间"。……一天，一个采购员[5]

1 果然: as expected
2 从此: from then on; from this time on
3 身份: status
4 指着: to point at
5 采购员: purchasing agent

pèngjiàn tā ， pāipai tā ， shuō：" Wǒ jiù méiyǒu
碰见 [1] 他，拍 [2] 拍他，说："我就没有

nǐ nàge hǎo yùnqi ， jīngcháng zhù zhāodàisuǒ ，
你那个好运气 [3]，经常 住 招待所，

yě méi zhùguo nàyàng de gāojí fángjiān . "
也没住过 那样的 高级房间。"

Cóngcǐ yǐhòu ， Chén Huànshēng yìzhí hěn
从此以后， 陈 奂 生 一直 很

shénqì ， zuò qǐ shì lái ， bǐ yǐqián gèng yǒu
神气 [4]，做起事来， 比以前 更 有

lìqi le .
力气了。

1 碰见: run into sb.

2 拍: to pat, to clap

3 运气: fortune

4 神气: spirited, proud

This story is a simplified version of Gao Xiaosheng's short story 陈奂生上城 (*Chen Huansheng Goes to Town*), which was published on 人民文学 (*People's Literature*), Issue No.2, 1980. It won the National Short Story Award of 1980 (一九八零年全国优秀短篇小说奖).

About the author Gao Xiaosheng (高晓声):

Gao Xiaosheng (1928-1999) is one of the most celebrated writers of Chinese contemporary literature. He was born in Wujin, Jiangsu Province, and lived a life of part-time study and part-time farming. He began his literary career in the 1950s, but not until 1979 did he publish 李顺大

造屋 (Lǐ Shùndà Zào Wū, *Li Shunda Built a House*) and 陈奂生上城 (*Chen Huansheng Goes to Town*), which are regarded as contemporary Chinese masterpieces. The main theme of Gao Xiaosheng's works is life in the countryside. The protagonists of his novels are regarded as representative of people from the countryside during the era of "reform and opening-up" in the 1980s. Gao Xiaosheng mainly describes ordinary farmers' lives, revealing significant social changes and exploring the psychological problems of life in the new era. His novels are simple and humorous. His other main works include other stories in his series featuring the character Chen Huansheng, including "漏斗户主" (*"Funnel" Head of a Household*), 陈奂生转业 (Chén Huànshēng Zhuǎnyè, *Chen Huansheng Is Demobilized*), 陈奂生出国 (Chén Huànshēng Chūguó, *Chen Huansheng Goes Abroad*), etc. In all he has published more than 30 works, some of which have been translated into English, Japanese, German, Dutch, and other languages.

思考题：

1. 陈奂生进城去干什么？他以前的生活怎么样？
2. 陈奂生进城的心情怎么样？为什么？

3. 陈奂生为什么感觉自己比别人差?

4. 陈奂生在火车站怎么了?

5. 是谁帮助了陈奂生?

6. 陈奂生在招待所里看到了什么? 想到了什么?

7. 陈奂生进城的经历改变了他什么? 为什么?

8. 陈奂生以后的生活会是什么样的?

四、雪窗帘

Yuánzhù： Chí Zǐjiàn

原著：迟子建

四、雪窗帘

Guide to reading:

This short work was written by the renowned present-day author Chi Zijian (迟子建). This story takes place on a train just before the Spring Festival when people are hurrying home to spend the important holiday with their families. The trains are crowded and it is difficult to buy tickets. An old woman on the train is from the countryside. She knows little about the outside world and has never taken a sleeping berth before. She does not know that she should exchange the original train ticket for a sleeping berth ticket from the train attendant after boarding the train, and because of this she loses her sleeping berth. The other passengers on the train seem to care a lot for her, speaking a lot of warm and sweet words, but nobody offers her their own berth. Indeed, the narrator, I, also feels regretful that she does not share her berth with the old woman. The story reveals that people are cold, like the ice on the train's windows, like the snow curtain. The simple, kind, pure, ignorant old woman reflects the conflict between older people and modern times. The old woman does something foolish and says some words stupid that amuse the passengers. From the other side, we can see the coldness and sophistication of those around the old woman. The north China dialect of the old woman is a source of fun. The story can be regarded as black humor.

故事正文：

Zài wǒ de jìyì zhōng yǒu yì fú xuě chuānglián.
在我的记忆 中有一幅雪窗 帘 [1]。

Wǒ yìzhí wàngbudiào zhè fú xuě chuānglián, bú shì
我一直忘不掉这幅雪 窗 帘，不是

yīnwèi bīngxuě de hánlěng. Wǒ gǎndào de shì xīnli
因为冰雪的寒冷 [2]。我 感到的是心里

de hánlěng. Yǒu yì nián dōngtiān wǒ zuò huǒchē huí lǎojiā
的寒冷。有一年 冬天我坐火车回老家

guònián, tiānqì hánlěng. Zài huǒchē shang yǒu yí wèi
过年，天气寒冷。在火车 上 有一位

nóngcūn lǎotàitai zuò zài chēchuāngpángbiān, chēchuāng
农村老太太 [3] 坐在 车 窗 旁边，车 窗

shang quán shì báisè shuānghuā, jiùxiàng shì yì fú báisè
上 全是白色霜花 [4]，就像是一幅白色

de chuānglián. Měi nián Chūn Jié, wǒ zuò huǒchē huí
的 窗 帘。每年春节 [5]，我坐火车 回

jiā guònián de shíhou, wǒ dōu yào xiǎngqǐ zhè fú
家过年 [6]的时候，我 都要 想起这幅

xuě chuānglián. Zhèxiē nián lái wǒ wàngbudiào zhè fú xuě
雪 窗 帘。这些年来我忘不掉这幅雪

chuānglián. Wǒ yào bǎ zhège gùshi jiǎng chūlái, bǎ
窗 帘。我 要把这个故事讲出来，把

xīnli de hánlěng jiǎng chūlái. Yǒu yì nián wǒ huí jiā guò
心里的寒冷讲出来。有一年我回家过

Chūn Jié, zài huǒchē shang fāshēngle zhèyàng yí jiàn shì.
春节，在火车 上发生了这样一件事。

Měi nián kuài yào guò Chūn Jié de shíhou,
每年 快要过春节 的时候，

1 一幅雪窗帘: a snow curtain
幅 (classifier) used for cloth, curtain, painting
e.g. 一幅画
2 寒冷: cold, frigid
3 老太太: old woman
4 霜花: frostwork
5 春节: the Spring Festival
过春节: to celebrate the Spring Festival, same as 过年
6 过年: celebrate the Chinese New Year or the Spring Festival

huǒchēzhàn jiù kāishǐ jǐ le . Rénmen láiláiwǎngwǎng ,
火车站 就 开始 挤 了。人们 来来往往[1],

yǒude rén huí zìjǐ jiā guònián , yǒude rén huí
有的人回自己家过年，有的人回

fùmǔ jiā guònián , huòzhě qù qīnqi jiā guònián .
父母家过年，或者去亲戚家过年。

Rénmen jízhe huíjiā guò Chūn Jié . Kěshì , guònián
人们急着回家过 春节。可是，过年

huí jiā de lǚxíng shì hěn jiānnán de . Huǒchēzhàn
回家的旅行是很艰难的。火车站

dàochù dōu shì rén , tèbié shì Chūn Jié qián de
到处都是人，特别是春节前的

jǐ tiān , huǒchēzhàn fēicháng jǐ , rénmen jízhe
几天，火车站 非常挤，人们挤着

mǎi huǒchēpiào , jǐ zài hòuchēshì li děng chē ,
买 火车票，挤在候车室里等车，

hòuchēshì de yǐzi shang zuòmǎnle rén . Lǚkè tài
候车室的椅子上 坐满了人。旅客太

duō le , gàn shénme dōu jǐ , lǚkèmen hē shuǐ jǐ ,
多了，干什么都挤，旅客们喝水挤，

shàng cèsuǒ jǐ . Yīnwèi rén tài duō , huǒchēzhàn de
上厕所挤。因为人太多，火车站的

wèishēng tiáojiàn yě bù hǎo , dàochù dōu hěn zāng .
卫生条件也不好，到处都很 脏。

Kěshì dàjiā dōu yào huí jiā guònián , méi bànfǎ ,
可是大家都 要回家过年，没办法，

zhǐhǎo nàixīn děng chē .
只好耐心等 车。

Měi nián guò Chūn Jié zhè duàn shíjiān , mǎi
每年过 春节这段 时间，买

火车票是最难的一件事，买卧铺票[1]
就更难了。售票窗口排着长队
买火车票。如果你不早点儿去排队，
就买不到卧铺票。如果有在火车站
工作的朋友，那就太好了。我正好
有个朋友在火车站工作，帮我买
票，所以我就不用排队买票了。

　　有一年春节我回家过年。我来
到火车站，火车站人很多，又挤又
乱。当我赶到站台的时候，已经是
满头大汗[2]。我提着很重的旅行包
在人群中艰难地挤着，等我挤上了
火车，我突然感觉过年真麻烦。挤
火车更是一件很麻烦的事。

　　我找到了我的车厢，走进车厢，

1 卧铺票: sleeping
berth ticket
2 满头大汗: sweaty

fànghǎole lǚxíngbāo xīnqíng mànmān de píngjìng
放好了旅行包，心情慢慢地平静

xiàlái le . Kāi chē de shíjiān dào le , huǒchē
下来了。开车的时间到了，火车

mànmān de kāichūle zhàntái . Tiān yǐjīng hēi le .
慢慢地开出了站台。天已经黑了。

Yīnwèi tiānqì hánlěng , huǒchē shang de chuānghu
因为天气寒冷，火车上的窗户

guàzhe shuānghuā , zài chēxiāng li kànbudào wàimiàn .
挂着霜花，在车厢里看不到外面。

Yǒude xiǎoháir wèile kàn wàimiàn de fēngjǐng , jiù
有的小孩儿为了看外面的风景，就

yòng shǒuzhǐ guāzhe chēchuāng shang de shuānghuā , nà
用手指刮着车窗上的霜花，那

shēngyīn tīng shàngqù hěn bù shūfu .
声音听上去很不舒服。

Yí gè nǚ lièchēyuán zǒujìn chēxiāng , shǒu
一个女列车员¹走进车厢，手

li názhe yí gè xiǎo hēi bāo . Tā ràng dàjiā huàn
里拿着一个小黑包。她让大家换

wòpùpái . Dàjiā bǎ yì zhāngzhāng wòpùpiào
卧铺牌²。大家把一张张卧铺票

jiāogěi tā . Tā bǎ piào fànghǎo , yòu bǎ wòpùpái
交给她。她把票放好，又把卧铺牌

fā gěi dàjiā , ránhòu líkāi le .
发给大家，然后离开了。

Dàgài bàn xiǎoshí yǐhòu , lièchēyuán yòu lái
大概半小时以后，列车员又来

le , tā zài chēxiāng de guòdào li yí biàn yí biàn de
了，她在车厢的过道里一遍一遍地

1 **列车员**: train attendant

2 **卧铺牌**: berth number plate

hǎnzhe : "Hái yǒu méiyǒu yào huàn piào de ？" Méi
喊着："还有没有要换票的？"没

tīngjiàn lǚkè huídá， tā jiù názhe xiǎo hēi bāo zǒu
听见旅客回答，她就拿着小黑包走

le.
了。

Zuò zài xiàpù de shì yí gè nóngcūn
坐在下铺¹的是一个农村

lǎotàitai， wǒ shàng chē de shíhou jiù kànjiàn
老太太，我上车的时候就看见

tā zuò zài nàlǐ le. Tā de tóufa yǐjīng bái
她坐在那里了。她的头发已经白

le， kàn shàngqù liùshí suì zuǒyòu， chuānzhe hēi
了，看上去六十岁左右，穿着黑

mián'ǎo， zā yí kuài shēnlánsè de tóujīn， dàizhe
棉袄，扎一块深蓝色的头巾，带着

yì zhī lánzi. Lánzi fàng zài chá zhuō shang， hòu
一只篮子²。篮子放在茶桌上，后

shàng chē de lǚkè yào wǎng shàngmiàn fàng shuǐguǒ hé
上车的旅客要往上面放水果和

bēizi， lǎotàitai jiù bǎ nà zhī lánzi fàng dào chá
杯子，老太太就把那只篮子放到茶

zhuō xiàmiàn. Tā hǎoxiàng pà biérén bù xiǎoxīn tīzháo
桌下面。她好像怕别人不小心踢着

nà lánzi， jīngcháng wǎng xià kàn yi kàn. Tā dàgài
那篮子，经常往下看一看。她大概

shì bù jīngcháng chūlái zuò huǒchē， duì zuò huǒchē
是不经常出来坐火车，对坐火车

gǎndào hěn xīnxiān. Tā xiàng xiǎoháizi yíyàng yòng
感到很新鲜。她像小孩子一样用

1 下铺: lower berth

2 穿着黑棉袄…:
The old woman wears
black cotton-padded
jacket, blue scarf, and
carries a basket. All
this is the dressing
of a woman from the
countryside.

手指刮开车窗上的霜花，不停地朝外面看。她说的话很有意思，我听着真想笑。比如她说："怎么到处都亮着灯，这不给鬼照亮[1]的嘛"，"哦，这电线杆子[2]可真多啊，过不了多远就是一个。可是电是从哪里走的呢？我怎么一点儿也看不到电呢？"

我吃了一个橘子，打算刷刷牙[3]就到卧铺上休息。然而洗脸的地方有很多没有买到座位票的旅客。没办法刷牙，我只好不刷了。我睡的是中铺，就爬到中铺休息了。我不喜欢睡下铺，旅客总是在下铺坐着，而且有的人还坐在那里吃东西，喝

1 给鬼照亮: light for the ghost

2 电线杆子: a wire pole

3 刷牙: brush teeth

jiǔ , hē chá , bǎ zāng dōngxi diào zài chuángdān

酒，喝茶，把脏东西掉在床单

shang . Tǎng zài xiàpù , xīnli gǎndào hěn bù

上。躺在下铺，心里感到很不

shūfu .

舒服。

Chēxiāng li de dēng bú tài liàng , wǒ fānkāi yì

车厢里的灯不太亮，我翻开一

běn shū . Kànle yíhuìr , jiù tīngjiàn xiàpù yǒu

本书。看了一会儿，就听见下铺有

rén zhēngchǎo . Wǒ lìkè shēnchū tóu qù kàn , yí gè

人争吵[1]。我立刻伸出头去看，一个

pàngpàng de zhōngnián nánrén gēn xiàpù de lǎotàitai

胖胖的中年男人跟下铺的老太太

zài zhēngchǎo . Pàng nánrén shuō tā yào shuìjiào , ràng

在争吵。胖男人说他要睡觉，让

lǎotàitai ràngkāi xiàpù .

老太太让开下铺。

Lǎotàitai shuō : " Zhè shì wǒ de pù , nǐ

老太太说："这是我的铺，你

zěnme ràng wǒ zǒukāi ne ? "

怎么让我走开呢？"

Pàng nánrén shuō : " Shénme nǐ de pù , zhè shì

胖男人说："什么你的铺，这是

wǒ de pù ! Zhè shì wǒ gānggāng bǔ de wòpùpiào ! "

我的铺！这是我刚刚补的卧铺票！"

Lǎotàitai tūrán shuō : " Shì bu shì kuài guònián

老太太突然说："是不是快过年

le , zuò huǒchē de rén tài duō , huǒchē shang jiù ràng

了，坐火车的人太多，火车上就让

1 争吵: to quarrel

liǎng gè rén shuì yí gè pù a ? "　　Lǎotàitai　de huà bǎ
两个人睡一个铺啊？"老太太的话把

zhōuwéi de rén dōu dòuxiào le
周围的人都逗笑了[1]。

Pàng nánrén bú nàifán de shuō : " Shéi gēn nǐ
胖男人不耐烦地说："谁跟你

zhège lǎotàitai shuì yí gè pù ? Nǐ shì nǎ zhāng pù
这个老太太睡一个铺？你是哪张铺

de , jiù kuài huí nǎr qù ! "
的，就快回哪儿去！"

Kě lǎotàitai rèndìngle zhè pàng nánrén yào gēn
可老太太认定了这胖男人要跟

tā shuì yí gè pù , tā wèn : " Nǐ zhè shì yào shuì
她睡一个铺，她问："你这是要睡

shàngbànyè le ? "
上半夜了？"

Pàng nánrén shēngqì de shuō : " Wǒ shàngbànyè、
胖男人生气地说："我上半夜、

xiàbànyè dōu shuì ! "
下半夜都睡！"

Lǎotàitai " āiyā āiyā " de jiàozhe ,
老太太"哎呀哎呀"地叫着，

hǎoxiàng bàoyuàn zìjǐ zěnme pèngshàng zhème yàng
好像抱怨自己怎么碰上这么样

de yí gè rén .
的一个人。

Zhèshí pángbiān de yí gè xī yān de nánrén duì
这时旁边的一个吸烟的男人对

lǎotàitai shuō : " Nǐ zài kànkan nǐ de piào , shì bu
老太太说："你再看看你的票，是不

1 逗笑了: What
the old woman said
amused passengers.
逗: amuse sb.

shì zhè pù de？　Huǒchē shì bù kěnéng yí gè pù mài
是这铺的？火车是不可能一个铺卖

liǎng zhāng piào a！"
两 张 票啊！"

　　Hái　yǒude rén shuō："Nǐ shì bu shì mǎi de
　　还 有 的 人 说："你是不是买的

jiǎpiào　a？"
假票[1]啊？"

　　Lǎotàitai　jímáng shuō："Zhè piào bù kěnéng
　　老 太 太 急忙 说："这票不可能

shì jiǎ de，wǒ nǚ'ér zǎoshang sì diǎn zhōng shàng
是假的，我女儿早上四点 钟 上

huǒchēzhàn páiduì gěi wǒ mǎi de piào。"Shuōzhe，tā
火车站排队给我买的票。"说着，她

zhàn qǐlái，cóng kùzi kǒudai li bǎ piào ná chūlái
站起来，从裤子口袋里把票拿出来。

Dàjiā yí kàn，tā de piào jiùshì zhè zhāng pùwèi
大家一看，她的票就是这 张 铺 位

de，méi cuò。Kěshì tā méiyǒu gēn lièchēyuán huàn
的，没错。可是她没有跟列车员换

wòpùpái，suǒyǐ tā de xiàpù bèi dàngzuò kōngpù
卧铺牌，所以她的下铺被 当作 空铺[2]

màigěile　zhège pàng nánrén！
卖给了这个胖 男人！

　　Dàjiā gàosu lǎotàitai yīnggāi huàn piào。
　　大家告诉老太太应该 换 票。

Lǎotàitai tīng le，jí de kuài yào kū le。Tā shuō：
老太太听了，急得快要哭了。她说：

"Wǒ yǐqián zuò huǒchē shí dōu shì zìjǐ názhe piào，
"我以前坐火车时都是自己拿着票，

1 假票: fake ticket

2 空铺: vacant berth

lièchēyuán chá piào shí jiù bǎ tā ná chūlái . Nǎ néng
列车员查票时就把它拿出来。哪能

mǎile piào yòu bǎ piào jiāogěi biérén ne！" Kànlái
买了票又把票交给别人呢！"[1] 看来

lǎotàitai méiyǒu shuìguo huǒchē shang de wòpù ，
老太太没有睡过火车上的卧铺，

méiyǒu wàichū lǚxíng de jīngyàn .
没有外出旅行的经验。

Pàng nánrén shuō：" Búhuì zuò huǒchē ， hái
胖男人说："不会坐火车，还

chūmén ne！"
出门呢！"

Tā shēngqì de shuō：" Shéi shuō wǒ bú huì zuò
她生气地说："谁说我不会坐

huǒchē？ Wǒ dōu zuòle chàbuduō shí cì huǒchē
火车？我都坐了差不多十次火车

le！" Tā de huà yòu bǎ dàjiā dòuxiào le .
了！"她的话又把大家逗笑了。

Nàge xī yān de nánrén duì pàng nánrén shuō：
那个吸烟的男人对胖男人说：

" Āi ， gēn lǎotàitai shuōhuà kèqi diǎnr ， tā
"哎，跟老太太说话客气点儿，她

dōu zhème dà niánjì le ， zìjǐ chūmén zuò huǒchē
都这么大年纪了，自己出门坐火车

róngyì ma？"
容易吗？"

Pàng nánrén cháo xī yān de nánrén shuō：" Nǐ
胖男人朝吸烟的男人说："你

xiǎng dāng Léi Fēng ， zuò hǎorén shì bu shì？ Nà xíng
想当雷锋[2]，做好人是不是？那行

1 哪能买了票又把票
交给别人呢: I bought
the ticket, but why
should I give it to oth-
ers? The old woman
did not know to ex-
change her ticket for
a berth plate on the
train.

2 雷锋: Lei Feng, a
hero who is always
ready to help others.

a， nǐ bǎ nǐ de pù ràng gěi lǎotàitai shuì ma！"
啊，你把你的铺让给老太太睡嘛！"

　　Xī yān de nánrén shēngqì de shuō："Nǐ zhè rén
　　吸烟的男人生气地说："你这人

zěnme zhème shuōhuà ya？" Ránhòu zǒu guòqù，
怎么这么说话呀？"然后走过去，

yào dǎ zhège pàng nánrén.
要打这个胖男人。

　　Pàng nánrén yě tuōle yīfu，bǎ yīfu rēng
　　胖男人也脱了衣服，把衣服扔

zài wòpù shang，hǎoxiàng zhēn yào dǎjià[1]。Tā
在卧铺上，好像真要打架[1]。他

shuō："Guòlái ya， dǎ ya， lǎozi bú pà！
说："过来呀，打呀，老子[2]不怕！

zěnmezhe[3]？ Shì bu shì guònián huí jiā méi dài shénme
怎么着[3]？是不是过年回家没带什么

lǐwù，xiǎng dǎ yí jià，dài diǎnshāng huí jiā guònián
礼物，想打一架，带点伤回家过年

ya[4]？！"
呀[4]？！"

　　Lǎotàitai lāzhùle pàng nánrén， shuō：
　　老太太拉住了胖男人，说：

"Nǐmen kě bié yīnwèi wǒ dǎjià a， yàoguònián le，
"你们可别因为我打架啊，要过年了，

bǎ shéi dǎle dōu bù hǎo."
把谁打了都不好。"

　　Xī yān nánrén tíngle yíxià， shēngqì de shuō：
　　吸烟男人停了一下，生气地说：

"Wǒ qù zhǎo lièchēyuán！"
"我去找列车员！"

---

1 打架: to fight
2 老子: father (said impolitely in anger or for fun, it is often said by rascally people)
3 怎么着: so what (used by itself at the beginning of the sentence to show surprise)
4 带点伤回家过年呀: bring wound home for the Spring Festival. The man wants to insult the man quarrelling with him.

Hěnkuài, nǚ lièchēyuán zǒulái le. Tā tīngle
很快，女列车员走来了。她听了
zhè jiàn shì yǐhòu, jiù duì lǎotàitai shuō: "Zhè jiàn
这件事以后，就对老太太说："这件
shìqing shì nǐ zìjǐ cuò le, wǒ yí biàn yòu yí biàn
事情是你自己错了，我一遍又一遍
de hǎn dàjiā huàn piào, sǎngzi dōu hǎnpò le,
地喊¹大家换票，嗓子都喊破了，
dàjiā dōu tīngjiànle ba? Huǒchē kāichū bàn xiǎoshí
大家都听见了吧？火车开出半小时
hòu, nǐ bú huàn piào, jiù děngyú nǐ búyào zhège
后，你不换票，就等于你不要这个
pù le, zhè pù jiù bú shì nǐ de le, biérén jiù
铺了，这铺就不是你的了，别人就
kěyǐ mǎi le." Tā zhǐle zhǐ pàng nánrén shuō:
可以买了。"她指了指胖男人说：
"Xiànzài zhège pù jiùshì tā de le."
"现在这个铺就是他的了。"

Lǎotàitai de yàngzi hěn kělián, tā shuō:
老太太的样子很可怜，她说：
"Wǒ yǐqián méiyǒu zuòguo néng shuìjiào de huǒchē, wǒ
"我以前没有坐过能睡觉的火车，我
zuò de huǒchē dōu shì bù néng shuìjiào de, wǒ bù
坐的火车都是不能睡觉的，我不
zhīdào huàn piào a! Xiànzài wǒ zěnme bàn ne?"
知道换票啊！现在我怎么办呢？"

Lièchēyuán shuō: "Xiànzài wòpù dōu mǎn le,
列车员说："现在卧铺都满了，
méiyǒu pùwèi le, nǐ zhǐ néng zuòzhe le."
没有铺位了，你只能坐着了。"

1 喊: to shout, to yell; cry out

Lǎotàitai wèn：" Nà wǒ zuò zài nǎr ya ？"
老太太问："那我坐在哪儿呀？"

Lièchēyuán：" Zuò guòdào   li de biānzuò
列车员："坐 过道[1] 里 的 边座[2]

ba . Xiànzài yě méi biéde bànfǎ le ."
吧。现在也没别的办法了。"

Lǎotàitai wěiqū   de   liúxiàle   yǎnlèi ,
老太太委屈[3]地流下了眼泪，

bàoyuàn nǚ'ér gāngcái sòng tā shàng chē , méiyǒu gàosu
抱怨女儿刚才送她上车，没有告诉

tā huàn piào de shì . Tā shuō, zǎo zhīdào zhèyàng,
她换票的事。她说，早知道这样，

hái bùrú mǎi yìngzuòpiào ne ! Tā bǎ lánzi ná dào
还不如买硬座票呢！她把篮子拿到

biānzuò shang ,   kànle   yì yǎn chēxiāng biānshang de
边座上，看了一眼车厢边上的

zuòwèi ,   zuòwèi shì lìzhe de , tā bù zhīdào zěnme
座位，座位是立着的，她不知道怎么

zuò xiàlái . Jiù wèn lièchēyuán：" Zhè zuòwèi lìzhe ,
坐下来。就问列车员："这座位立着，

wǒ zěnme zuò ya ? Qī xiānnǚ de pìgu yě zuòbuwěn
我怎么坐呀？七仙女的屁股也坐不稳

ya !   " Tā de huà yòu bǎ dàjiā dòuxiào le .
呀！[1]"她的话又把大家逗笑了。

Lièchēyuán bǎ biānzuò lāle   xiàlái , shuō：
列车员把边座拉了下来，说：

" Zhège zuòwèi kěyǐ lì qǐlái , yě kěyǐ lā
"这个座位可以立起来，也可以拉

xiàlái . Nǐ zuò de shíhou , jiù lā xiàlái . Nǐ yí
下来。你坐的时候，就拉下来。你一

1 过道: corridor

2 边座: side seat

3 委屈: feeling wronged

4 七仙女的屁股也坐不稳呀: Here it implies that the side seat is upright, even the beautiful fairy can not sit on it, so how I can sit on it. What she said amuses the passengers.

七仙女: a fairy

zhàn qǐlái ， tā jiù lì qǐlái le ！"
站起来，它就立起来了！"

Lǎotàitai bǎ lánzi fàng dào chuānghu biān de xiǎo
老太太把篮子放到窗户边的小

zhuōzi shang， hěn xiǎoxīn de zuò xiàlái， yòng shǒu
桌子上，很小心地坐下来，用手

fúzhe nà zhī lánzi。 Nà lánzi bǐ zhuōzi kuān，
扶着那只篮子。那篮子比桌子宽，

hěn róngyì bèi láihuí guòwǎng de rén gěi pèng dào
很容易被来回过往的人给碰到

dì shang。 Yǒu rén duì tā shuō："Nǐ bǎ lánzi háishi
地上。有人对她说："你把篮子还是

fàng zài yuánlái de dìfang ba， nàlǐ de dìfang dà
放在原来的地方吧，那里的地方大

yìxiē。"
一些。"

Tā méiyǒu dòng， yōu shāng de kànzhe pàng
她没有动，忧伤[1]地看着胖

nánrén dǎkāi bèizi， tuōxià xié， yì tóu tǎng zài
男人打开被子，脱下鞋，一头躺在

pù shang shuìjiào le。 Rénmen bǐyí de kànzhe tā，
铺上睡觉了。人们鄙夷地看着他[2]，

búguò zài méiyǒu rén shuō shénme。
不过再没有人说什么。

Dāng lièchēyuán yào líkāi de shíhou，
当列车员要离开的时候，

lǎotàitai wèn tā："Wǒ zhè piào shì néng shuìjiào de，
老太太问她："我这票是能睡觉的，

xiànzài chéngle bù néng shuìjiào de piào le， néng bù
现在成了不能睡觉的票了，能不

1 忧伤: distressed
2 鄙夷地看着他: despise him; look down upon him

能把钱给我退回来呀？我女儿不是多花了睡觉的钱了么，那可不是小钱，好几十块呢！要是买一袋米的话，够我吃半年的了！"

列车员好像有些不耐烦地说："行行，一会儿我给你问问！"

老太太说："还要找人问问，这么麻烦！"

列车员不再跟她说什么，对周围的人说："有什么好看的，都回自己的铺上吧。我告诉你们，九点就关灯了，你们把被子铺好，关了灯以后，就休息了！"列车员好像解决了一个大难题，然后离开了车厢。

Pàng nánrén yǐjīng fāchūle hānshēng.
胖男人已经发出了鼾声[1]。

Gāngcái xiǎng dǎjià de niánqīngrén tóngqíng de duì
刚才想打架的年轻人同情地对

lǎotàitai shuō: "Āi, zhè yàoshi zài wǒ èrshí duō
老太太说:"哎,这要是在我二十多

suì de shíhou, wǒ kěndìng yào dǎ tā yí dùn. Tā
岁的时候,我肯定要打他一顿[2]。他

tài bù dǒng lǐmào le!" Tā shuōwán, hěn guānxīn
太不懂礼貌了!"他说完,很关心

de kànle lǎotàitai yì yǎn, wèn tā: "Dàniáng
地看了老太太一眼,问她:"大娘[3]

nǐ hē shuǐ ma?"
你喝水吗?"

Lǎotàitai shuō: "Wǒ zuò chē pà shàng cèsuǒ,
老太太说:"我坐车怕上厕所,

huǒchē kāizhe, wǒ jiù rěnzhe, yì kǒu shuǐ yě bù
火车开着,我就忍着,一口水也不

hē."
喝。"

Niánqīngrén tànle yì kǒu qì,
年轻人叹了一口气,

shuō: "Ài, wǒ mǎi de shì shàngpù, nín yě pá
说:"唉,我买的是上铺,您也爬

bu shàngqù, yàobu wǒ jiù bǎ wǒ de pù ràng gěi nín
不上去,要不我就把我的铺让给您

qù shuì déle."
去睡得了。"

Lǎotàitai shuō: "Bù máfan le, nǐmen
老太太说:"不麻烦了,你们

1 鼾声: snore
2 打他一顿: beat him
顿: (classifier) short
period for action, such
as beating, criticism,
meals, etc.
3 大娘: aunt (respect-
ful form of address
for an elderly woman)

niánqīngrén xǐhuan shuìjiào , nǐ qù shuì ba . "
年轻人喜欢睡觉，你去睡吧。"

Zhèshí cóng chēxiāng ménkǒu de dìfang zǒu guòlái
这时从车厢门口的地方走过来

yí gè niánjì bǐjiào dà de nánrén , tā kàn shàngqù
一个年纪比较大的男人，他看上去

yǒu liùshí suì zuǒyòu , dàizhe yǎnjìng , shǒu li
有六十岁左右，戴着眼镜，手里

názhe yì zhāng bàozhǐ . Tā duì nàge niánqīngrén
拿着一张报纸。他对那个年轻人

shuō : " Wǒ shì xiàpù de , wǒ néng pá dào shàngpù
说："我是下铺的，我能爬到上铺

qù , jiù ràng lǎotàitai shuì wǒ de pù , wǒ shuì nǐ
去，就让老太太睡我的铺，我睡你

de shàngpù , zhèyàng wèntí bú jiù jiějuéle ma ? "
的上铺，这样问题不就解决了吗？"

Nàge niánqīngrén tīngle lǎorén de huà jímáng
那个年轻人听了老人的话急忙

shuō : " Bùxíng , bùxíng , nǐ zhème dà suìshu le ,
说："不行，不行，你这么大岁数了，

wǒ kě bù néngràng nǐ pá dào shàngpù qù , yàoshi diào
我可不能让你爬到上铺去，要是掉

xiàlái , pèngzhe le , kě zěnme bàn ? "
下来，碰着了，可怎么办？"

Lǎorén shuō : " Wǒ tiāntiān zǎochen dōu dǎ
老人说："我天天早晨都打

tàijíquán , shēntǐ hǎo zhene , bié shuō pá gè
太极拳[1]，身体好着呢，别说爬个

shàngpù le , jiùshì ràng wǒ pá shù dōu méi wèntí ! "
上铺了，就是让我爬树都没问题！"

1 太极拳: shadow-boxing

Niánqīngrén shuō: " Āi, nà kě bùxíng,
年 轻 人 说:"哎, 那 可 不 行,

rúguǒ nǐ diào xiàlái le, nà kě zěnme bàn!"
如果 你 掉 下 来 了, 那 可 怎么 办!"

Niánqīngrén de liǎn hóng le, tā shuō zìjǐ yào shàng
年 轻 人 的 脸 红 了, 他 说 自己 要 上

cèsuǒ, jiù pǎokāi le.
厕 所, 就 跑 开 了。

Lǎorén tànle yì kǒu qì, shuō: " Bù xiǎng
老 人 叹 了 一 口 气, 说:"不 想

ràng pù gěi biérén, hái zhuāng shénme hǎoxīnrén a."
让 铺 给 别人, 还 装 什么 好心人 啊。"

Shuōwán, tā názhe bàozhǐ huí zìjǐ de pù le.
说 完, 他 拿 着 报纸 回 自己 的 铺 了。

Zhè jiàn shìqing jiù zhèyàng jiéshù le.
这 件 事情 就 这样 结束 了。

Yè shēn le, chēchuāng wàibiān hěn lěng,
夜 深 了, 车 窗 外边 很 冷,

chēchuāng shang de shuānghuā yuèláiyuè duō, jīhū
车 窗 上 的 霜 花 越 来 越 多, 几乎

zhěnggè chuānghu shang dōu shì shuānghuā le.
整 个 窗 户 上 都 是 霜 花 了。

Lǎotàitai jìngjìng de zuò zài nàlǐ, jiù xiàng yì fú
老 太太 静 静 地 坐 在 那里, 就 像 一 幅

huà. Yǒu gè bào xiǎo nǚháir de fùnǚ zǒu
画。 有 个 抱 小 女孩儿 的 妇女[1] 走

guòlái hé tā shuōhuà, tā duì zhèngzài chī xiātiáo de
过 来 和 她 说话, 她 对 正在 吃 虾条[2] 的

xiǎo nǚháir shuō: " Gěi nǎinai chī gè xiātiáo ba?"
小 女孩儿 说:"给 奶奶 吃 个 虾条 吧?"

1 妇女: woman
2 虾条: shrimp cracker, a kind of inflated snacks food

Xiǎo nǚháir jiàole yì shēng, méiyǒu gěi lǎotàitai
小女孩儿叫了一声，没有给老太太

xiātiáo. Zhège fùnǚ juéde liǎn shang hěn méi miànzi,
虾条。这个妇女觉得脸上很没面子，

tā duì xiǎo nǚháir shuō: "Jiù zhīdào zìjǐ chī,
她对小女孩儿说："就知道自己吃，

yǐhòu zhǎngdàle yě bú huì xiàoshùn wǒ de！" Xiǎo
以后长大了也不会孝顺[1]我的！"小

nǚháir tīngle bù gāoxìng le, tā de tuǐ dàochù
女孩儿听了不高兴了，她的腿到处

luàn tī, pèngdàole lǎotàitai de lánzi.
乱踢，碰到了老太太的篮子。

Lǎotàitai sīyǎ de shuō: "Āiyā,
老太太嘶哑[2]地说："哎呀，

háizi, nǐ kě bù néng tīzháo zhè lánzi, zhè
孩子，你可不能踢着这篮子，这

lǐmiàn zhuāng de dōu shì wǒ lǎotóur ài chī de
里面装的都是我老头儿[3]爱吃的

dōngxi！ Tā zhège rén ài gānjìng, zāngle de dōngxi
东西！他这个人爱干净，脏了的东西

tā kěshì bù chī de！"
他可是不吃的！"

Zhège fùnǚ shēngqì de bǎ xiǎo nǚháir fàng dào
这个妇女生气地把小女孩儿放到

dì shang, shuō: "Nǐ bù tīng māma de huà, wǒ kě
地上，说："你不听妈妈的话，我可

bǎ nǐ rēngdào huǒchē wàibian qù le, wàibian yǒu láng,
把你扔到火车外边去了，外边有狼，

ràng láng bǎ nǐ chī le！"
让狼把你吃了！"

1 孝顺: be filial

2 嘶哑: hoarsely

3 老头儿: (with an undertone of intimacy) old man, here referring to the old woman's dead husband

Xiǎo nǚháir xià de kū le . Tā kěnéng
小女孩儿吓[1]得哭了。她可能
hàipà zìjǐ bèi láng chī le , jiù mǎshàng gěi
害怕自己被狼吃了，就马上给
lǎotàitai chī xiātiáo , kūzhe shuō : " Nǎinai chī —
老太太吃虾条，哭着说："奶奶吃——
nǎinai — chī — " , Zhège fùnǚ gǎndào
奶奶——吃——"，这个妇女感到
zìjǐ yǒule miànzi , liǎn shang yǒule xiàoróng .
自己有了面子，脸上有了笑容。

Lǎotàitai duì xiǎo nǚháir shuō : " Nǎinai bù
老太太对小女孩儿说："奶奶不
chī xiātiáo , nǐ zìjǐ chī ba . " Tā duì zhège
吃虾条，你自己吃吧。"她对这个
fùnǚ shuō : " Xiǎo háizi hàipà , kě bié xiàhu
妇女说："小孩子害怕，可别吓唬[2]
tā le . Nǐ gěi tā xiàdiūle húnr , hái děi gěi tā
她了。你给她吓丢了魂儿[3]，还得给她
jiào húnr . "
叫魂儿。"

Huǒchē kāishǐ mànle xiàlái , dàgài yào zài yí
火车开始慢了下来，大概要在一
gè chēzhàn tíng chē le .
个车站停车了。

Fùnǚ wèn lǎotàitai : " Nǐ zhè shì qù nǎlǐ
妇女问老太太："你这是去哪里
a ? "
啊？"

Lǎotàitai shuō : " Dào xiǎo nǚ'ér jiā guònián .
老太太说："到小女儿家过年。

1 吓: to frighten, to scare
2 吓唬: to frighten
3 魂儿: soul

我有两个女儿。小女儿说，我年年
都在大女儿家过年，她想我，写了
几封信让我去。我几年都没有在小
女儿家过年了，再说我老头儿埋[1]在
那里，我也想看看他去。"

妇女吃惊[2]地问："那这篮子里
装的都是上坟[3]的东西啊？"然后
把小女孩儿紧紧地抱住，好像那
篮子里装着鬼[4]，会突然跳出来。

"是的，我从城里给他买了他
最爱吃的东西，还带了两瓶酒。"她
刚说完，火车就"哐当"一声，
停在站台上了。老太太也动了一下，
她扶着那只篮子，怕它掉到地上。
车站上的灯光把车窗照成了一

[1] 埋: to bury
[2] 吃惊: in surprise
[3] 上坟: go to a grave to cherish the memory of the dead
[4] 鬼: ghost, spirit

piàn huángsè， lǎotàitai de liǎn yě bèi zhàoliàng le．
片 黄 色，老太太的脸也被 照 亮 了。

　　Līngle   lǎotàitai de huà， wǒ yě xiǎngqǐ wǒ de
　　听了老太太的话，我也想起我的

fùqīn． Měi nián guònián de qián yí gè xīngqī， wǒ
父亲。每年过年的前一个星期，我

yě yào qù gěi fùqīn shàngfén．Fùqīn sǐle yǐhòu，
也要去给父亲上坟。父亲死了以后，

wǒmen hěn xiǎng tā．
我们很想他。

　　Yǒu liǎng gè gāng shàng chē de rén láidào   wòpù
　　有两个刚 上车的人来到卧铺

chēxiāng． Tāmen de shēn shang dàizhe xuěhuā．
车厢。他们的身上带着雪花。

　　Lǎotàitai   kànle yì yǎn gāng shàng chē de lǚkè，
　　老太太看了一眼刚 上车的旅客，

tànle kǒu qì shuō："Zhèlǐ hái xiàzhe xuě a．"
叹了口气说："这里还下着雪啊。"

　　Dàgài wǔ fēnzhōng yǐhòu， huǒchē yòu mànmān
　　大概五分钟以后，火车又慢慢

kāidòng le．Chēchuāng yíhuìr liàng， yíhuìr
开动了。车窗一会儿亮，一会儿

àn， hěn kuài， chēxiāng yòu gēn yǐqián yíyàng le．
暗，很快，车厢又跟以前一样了。

　　Fùnǚ bàoqǐ xiǎo nǚháir， duì lǎotàitai
　　妇女抱起小女孩儿，对老太太

tóngqíng de shuō："Wǒ dàizhe háizi shuì zài xiàpù．
同情地说："我带着孩子睡在下铺，

xiǎo háizi lí bùkāi wǒ， bù gēn biérén shuì， zài
小孩子离不开我，不跟别人睡，在

家里，也不让奶奶跟她睡。要是像

别的小孩子那样跟谁睡都行，我就

让你和她睡一个铺了。"

　　小女孩儿一听说妈妈让她跟

老太太睡觉，又开始哭了。她抓着

妈妈的头发乱踢。妇女生气地说：

"你怎么这么没礼貌？今年过年是不

是不想要新衣服了？"

　　小女孩儿又大哭起来了。妇女

只好抱着她回到铺上。

　　快关灯了，过道的行人多了

起来，他们是上厕所的。他们准备

上了厕所以后，夜里好好儿睡一

觉。厕所外面排起了队，不少人站

在过道上等着。人们经过老太太

shēnbiān shí, zǒng yào tóngqíng de kàn tā yì yǎn. Yǒu
身边时，总要同情地看她一眼。有

rén gěi tā chū zhǔyi, ràng tā zhǎo lièchēzhǎng qù,
人给她出主意，让她找列车长[1]去，

gēn tā shuō: Nǐ zhème dà niánjì le, suīrán
跟她说：你这么大年纪了，虽然

zuòcuòle shì, tāmen yě yīnggāi cóng réndào zhǔyì
做错了事，他们也应该从人道主义[2]

chūfā, gěi nǐ zài zhǎo yí gè pùwèi. Lǎotàitai
出发，给你再找一个铺位。老太太

tīngbudǒng "réndào zhǔyì" zhège cí, wèn
听不懂"人道主义"这个词，问

zhèxiē rén: "Ràng wǒ zhǎo 'réndào' chū zhǔyi?
这些人："让我找'人道'出主意？

'Réndào' shì nán de háishi nǚ de ya?" Tā
'人道'是男的还是女的呀？"[3]她

de huà yòu bǎ dàjiā dòuxiào le. Tā gǎndào zìjǐ
的话又把大家逗笑了。她感到自己

shuōcuòle huà, lìkè liǎn hóng le.
说错了话，立刻脸红了。

Zhèshí lièchēyuán zǒu guòlái lā chuānglián, tā
这时列车员走过来拉窗帘，她

jiù wèn lièchēyuán: "Gūniang, wǒ de shì nǐ wènle
就问列车员："姑娘，我的事你问了

ma? Wǒ de wòpùpiào de qián néng bu néng tuì
吗？我的卧铺票的钱能不能退

ya?"
呀？"

Lièchēyuán suíbiàn de shuōle yí jù: "Wǒ gěi
列车员随便地说了一句："我给

1 列车长: the person in charge of the train
2 人道主义: humanitarianism
3 让我找"人道"给出主意…: The old woman doesn't know what "humanitarianism" is, she thinks it is a person in charge of the sleeping berth tickets on the train, so others laugh at what she said.

nín wèn le , lièchēzhǎng shuō bùxíng , qián zhǎo bu
您问了，列车长说不行，钱找不
huílái .”
回来。”

"Zěnme jiù bùxíng a ?" Lǎotàitai shuō,
"怎么就不行啊？"老太太说，
"Wǒ mǎi de shì tǎngzhe de piào, huāle hěn duō
"我买的是躺着的票，花了很多
qián, kě wǒ xiànzài shì zuòzhe ! Hái zuò de shì
钱，可我现在是坐着！还坐的是
zhème gè xiǎo zuòwèi, duōme nánshòu ya."
这么个小座位，多么难受呀。"

"Nín nà piào yòu bú shì zài wǒmen huǒchē shang
"您那票又不是在我们火车上
mǎi de, nín shì zài chēzhàn mǎi de, wǒmen bǎ qián
买的，您是在车站买的，我们把钱
tuì gěi nín, wǒmen bú shì yǒu sǔn shī me ?"
退给您，我们不是有损失[1]么？"
Lièchēyuán shuō.
列车员说。

"Yuánlái nǐmen hé chēzhàn bú shì yì jiā de
"原来你们和车站不是一家的
a ?" Lǎotàitai hěn shīwàng de shuō.
啊？"老太太很失望[2]地说。

"Xiànzài chúle qián hé qián shì yì jiā de, shéi
"现在除了钱和钱是一家的，谁
gēn shéi háishi yì jiā a." Lièchēyuán xiàozhe
跟谁还是一家啊。"[3]列车员笑着
shuō.
说。

1 损失: loss
2 失望: disappointedly
3 现在除了钱和钱是一家…: The sentence implies that nowadays money talks.

Lǎotàitai   bú zài shuō shénme le .   Lièchēyuán

老太太不再说什么了。列车员

bǎ tā shēnbiān de chuānglián lāshàng le ,   lǎotàitai yòu

把她身边的窗帘拉上了，老太太又

bǎ tā lākāi le .   Tā shuō :" Wǒ zuòzhe méi yìsi ,

把它拉开了。她说："我坐着没意思，

ràng wǒ kànkan fēngjǐng hái bùxíng me ? "

让我看看风景还不行么？"

Lièchēyuán shuō :" Wàimiàn hēihēi de ,   yǒu

列车员说："外面黑黑的，有

shénme kàn de a ? Zài shuō le ,   yì chuāng de

什么看的啊？再说了，一 窗 的

shuāng xuě ,   nǐ néng kānqīng shénme ya ! "   Lièchēyuán

霜 雪，你能看清什么呀！"列车员

dīshēng shuōzhe ,   dànshì tā háishi tīngle lǎotàitai de

低声说着，但是她还是听了老太太的

yìjiàn ,   méiyǒu bǎ chuānglián lāshàng .

意见，没有把窗帘拉上。

Lǎotàitai yòng shǒu fúzhe   nà zhī   lánzi ,

老太太用手扶着那只篮子，

lánzi shàngmiàn yǒu yí kuài lán bù ,   ràng rén juéde

篮子上面有一块蓝布，让人觉得

lánzi li hǎoxiàng yǒu shénme tèbié de dōngxi .

篮子里好像有什么特别的东西。

Lǎotàitai méiyǒu shēnghuó zài dàchéngshì ,   tā shuōhuà

老太太没有生活在大城市，她说话

hěn tiānzhēn ,   yàngzi hěn yúbèn .   Wǒ wèn tā zhù

很天真[1]，样子很愚笨[2]。我问她住

zài nǎr ,   tā shuō zhù zài nóngcūn . Tā dà nǚ'ér

在哪儿，她说住在农村。她大女儿

1 天真: simple-minded
2 愚笨: foolish

家住在农村，大女儿不放心她一个
人在城市换车，就送她来了。她
年纪大了，女儿为了给她买卧铺票，
几乎一夜都没睡好。

她很忧伤[1]地对我说："早知道
这样，真不应该买卧铺呀！我大
女儿为了买卧铺票一大早就去排队，
我在火车上也不好过，而且还花了
那么多的钱！想起来心里就难受。"

我想了一下，轻声对她说：
"你和我睡一个铺，怎么样？你睡
前半夜？"

老太太说："姑娘，不用了，我
能坐着，不就是……一夜吗？"

我问她的时候，心里还有些

1 忧伤: distressed

jǐnzhāng, dànshì tā de huà ràng wǒ gǎndào yízhèn
紧张，但是她的话让我感到一阵

qīngsōng. Wǒ shuō:"Zhèyàng ba, wǒ shuì
轻松。我说："这样吧，我睡

qiánbànyè, nǐ shuì hòubànyè?" Wǒ xīnli xiǎng
前半夜，你睡后半夜?" 我心里想

bāngzhù tā, kěshì zuìhòu wǒ háishi méiyǒu bǎ pù
帮助她，可是最后我还是没有把铺

ràng gěi tā.
让给她。

Lǎotàitai shuō:"Wǒ niánjì dà le, shuìbuliǎo
老太太说："我年纪大了，睡不了

duōshao jiào, shuì bu shuì dōu méi guānxì. Wǒ yǐqián
多少觉，睡不睡都没关系。我以前

zài nóngcūn shōu liángshi de shíhou, yàoshi yùdào
在农村收粮食的时候，要是遇到

tiānqì bù hǎo, wǒ sān tiān sān yè dōu bú shuìjiào
天气不好，我三天三夜都不睡觉

ne!" Tā tànle yì kǒu qì, shuō:"Kěshì nà
呢!" 她叹了一口气，说："可是那

shì zài qiūtiān, tiānqì bù lěng, yǒu fēng, hái kěyǐ
是在秋天，天气不冷，有风，还可以

zǒudòng, yě bù juéde nánshòu. Bú xiàng zài zhèlǐ
走动，也不觉得难受。不像在这里

zuò yí yè zhème nánshòu!"
坐一夜这么难受!"

Wǒ hái xiǎng hé tā shuō xiē shénme, guān dēng
我还想和她说些什么，关灯

le. chēxiāng li tūrán ànle xiàlái. Chē li
了，车厢里突然暗了下来。车里

的大灯关了，只有过道上的小

灯亮着。开始的时候还有人关心、

同情这位老太太，现在老太太坐在

那里就像一件东西，再没有人来

关心她了。过了一会儿，就听到各

个铺位的鼾声[1]了。我躺在中铺上

睡不着，经常伸出头往下看一眼

老太太，她静静地坐在车窗旁边，

就像一个认真听老师讲课的小孩儿。

她双手还是放在篮子上。我也

感到累了，慢慢地睡着了。可是，

我睡得不好，一会儿睡，一会儿醒。

睡着的时候又总是做梦，一会儿

梦见火车翻车了，车厢里人们乱喊

乱叫；一会儿又梦见我父亲站在我

1 鼾声: sound of snor-ing

de miànqián dǎ wǒ , shuō wǒ bú shì yí gè xiàoshùn de
的面前打我，说我不是一个孝顺的

rén ; yíhuìr yòu mèngjiàn yì tiáo gǒu miànduìmiàn
人；一会儿又梦见一条狗[1]面对面[2]

de kànzhe wǒ , wǒ bèi xiàxǐng le 。 Wǒ yòu kàn yì yǎn
地看着我，我被吓醒了。我又看一眼

lǎotàitai , tā yǐjīng fēicháng lèi le , bǎ tóu fàng
老太太，她已经非常累了，把头放

zài lánzi shang le 。 Suīrán wǒ hěn xiǎng xiàqù kàn kan
在篮子上了。虽然我很想下去看看

tā , kěshì tǎng zài pù shang , yòu mànmān de shuì le 。
她，可是躺在铺上，又慢慢地睡了。

Wǒ zhōngyú shuìle sān-sì gè xiǎoshí 。 Dāng
我终于睡了三四个小时。当

wǒ xǐnglái de shíhou , duìmiàn xiàpù de nàge pàng
我醒来的时候，对面下铺的那个胖

nánrén , hái zài dà shuì , hānshēng hěn dà , zhěnggè
男人，还在大睡，鼾声很大，整个

chēxiāng de rén hǎoxiàng dōu néng tīngjiàn 。 Lǎotàitai
车厢的人好像都能听见。老太太

yǐjīng xǐng le , tā hái bǎ shǒu fàng zài lánzi shang ,
已经醒了，她还把手放在篮子上，

duānzhèng de zuòzhe 。 Wǒ xiǎngqǐ mèng zhōng fùqīn duì
端正[3]地坐着。我想起梦中父亲对

wǒ shuō de huà , xīnli gǎndào hěn xiūkuì 。 Wǒ
我说的话，心里感到很羞愧[4]。我

tiàoxià zhōngpù , duì lǎotàitai shuō : " Dàniáng , nǐ
跳下中铺，对老太太说："大娘，你

dào wǒ de pù shang xiūxi yíhuìr ba , lánzi wǒ
到我的铺上休息一会儿吧，篮子我

1 一条狗: a dog
条: (classifier) used
for anything long
2 面对面: face-to-
face; facing each other
e.g. 他们面对面地坐
着。
3 端正: upright
4 感到羞愧: feel
ashamed of

bāng nín kānzhe ."
帮 您 看着。"

Tā yòng hěn　sīyǎ　de shēng yīn shuō:" Zhè yí
她 用 很 嘶哑 的 声音 说:"这一

yè dōu guòlái le , kuài dào zhàn le . bù máfan nǐ
夜 都 过 来 了, 快 到 站 了, 不 麻烦 你

le ." Tā de huà shǐ wǒ gèng jiā xiūkuì . Wǒ juéde
了。"她 的 话 使 我 更 加 羞愧。我 觉得

sǎngzi gānkě , hǎoxiàng zháole huǒ , dǎkāi yì píng
嗓子 干渴, 好 像 着 了 火, 打开 一 瓶

kuàngquánshuǐ , " gū dū gū dū " de hēle qǐlái .
矿泉水 1, "咕嘟咕嘟" 地 喝 了 起来。

Yì píng shuǐ hēguāng , hái juéde kě .
一瓶 水 喝光, 还 觉得 渴。

Tiān liàng le . Yǒude lǚkè qǐ de zǎo , shàng
天 亮 了。有 的 旅客 起 得 早, 上

cèsuǒ . Jīngguò yí yè hánlěng de lǚxíng , chēchuāng
厕所。经 过 一 夜 寒冷 的 旅行, 车 窗

jīmǎnle shuāngxuě , suīrán méiyǒu guà " chuānglián ",
积满了 霜 雪, 虽然 没有 挂 "窗 帘",

yě hǎoxiàng guàle yì fú bái chuānglián , nà shì yì fú
也 好像 挂 了 一 幅 白 窗 帘, 那 是 一 幅

xuě chuānglián . Lǎotàitai yòu kāishǐ xiàng tā shàng chē
雪 窗 帘。老太太 又 开 始 像 她 上 车

shí yíyàng yòng shǒuzhǐ qù guā shuānghuā le , nà shēngyīn
时 一样 用 手指 去 刮 霜 花 了, 那 声音

" chāchā " xiǎngzhe , jiù xiàng dāo guā zài wǒ xīn shang ,
"嚓嚓" 响 着, 就 像 刀 刮 在 我 心 上,

téng zài xīn shang . Zhōngyú , tā guākāile yì xiǎo kuài ,
疼 在 心 上。终 于, 她 刮 开 了 一 小 块,

1 矿泉水: mineral water

tā xiàng yì tiáo xiǎo yú． Tàiyáng tòuguò chēchuāng zhào
它 像 一 条 小 鱼。太阳 透 过 车 窗 照

zài le wǒ de miànqián． Wǒ duìzhe tàiyáng， zài yáng
在 了 我 的 面 前。我 对 着 太 阳，在 阳

guāng xià gèng gǎndào xiūkuì．
光 下 更 感 到 羞 愧。

Lièchēyuán yě chūxiàn zài chēxiāng li， yě shì
列 车 员 也 出 现 在 车 厢 里，也 是

gānggāng xǐnglái de yàngzi． Tā zài guòdào li zǒulái
刚 刚 醒 来 的 样 子。她 在 过 道 里 走 来

zǒuqù de hǎndào：" Qǐlái le， qǐlái le，
走 去 地 喊 道："起 来 了，起 来 了，

shuìjiào de lǚkè kuài qǐlái le！" Suīrán lí
睡 觉 的 旅 客 快 起 来 了！" 虽 然 离

zhōngdiǎnzhàn　hái yǒu liǎng gè duō xiǎoshí， dàduōshù
终 点 站 ¹ 还 有 两 个 多 小 时，大 多 数

de lǚkè hái zài shuìmèngzhōng， dàn tā yào dǎsǎo
的 旅 客 还 在 睡 梦 中，但 她 要 打 扫

wèishēng le． Wǒ zuì bù xǐhuan de jiùshì zhège
卫 生 ² 了。我 最 不 喜 欢 的 就 是 这 个

shíhou． Lǚkèmen zhàn zài guòdào shang， kànzhe
时 候。旅 客 们 站 在 过 道 上，看 着

lièchēyuán dǎsǎo wèishēng． Chēxiāng li de kōngqì
列 车 员 打 扫 卫 生。车 厢 里 的 空 气

tèbié bùhǎo． Lǎotàitai háishi duānzhèng de
特 别 不 好。老 太 太 还 是 端 正 地

zuòzhe． Tīngjiàn lièchēyuán shēngqì de shuō：" Yàoshi
坐 着。听 见 列 车 员 生 气 地 说："要 是

nǐmen zìjǐ jiā de chuángdān， nǐmen néng zhème
你 们 自 己 家 的 床 单，你 们 能 这 么

1 终点站: terminus
2 打扫卫生: clean up

bú àihù ma？” Lǎotàitai táiqǐ tóu kànle
不 爱 护 吗？”老 太 太 抬 起 头 看 了

kàn. Yuánlái， yǒu rén bù xiǎoxīn bǎ cháshuǐ dào
看。 原 来， 有 人 不 小 心 把 茶 水 倒

zài chuángdān shang le. Nàge lǚkè pà fákuǎn，
在 床 单 上 了。 那 个 旅 客 怕 罚 款，

jiù pǎo dào cèsuǒ li qù le. Lièchēyuán shēngqì
就 跑 到 厕 所 里 去 了。 列 车 员 生 气

de cóng shàngpù tiào xiàlái， Lǎotàitai duì tā
地 从 上 铺 跳 下 来， 老 太 太 对 她

shuō：“ Gūniang， chuángdān shang de cháshuǐ néng xǐ
说：“姑 娘， 床 单 上 的 茶 水 能 洗

gānjìng， nǐ bǎ chuángdān nòngshī， cóng guōdǐ zhuā
干 净， 你 把 床 单 弄 湿， 从 锅 底 抓

bǎ huī fàngshàng， guò shí fēnzhōng， zài cuō yíxià，
把 灰 放 上， 过 十 分 钟， 再 搓 一 下，

jiù néng bǎ chuángdān xǐ de gāngānjìngjìng！ ”
就 能 把 床 单 洗 得 干 干 净 净！ ”[1]

Lièchēyuán kànle yì yǎn lǎotàitai， bú nàifán
列 车 员 看 了 一 眼 老 太 太， 不 耐 烦

de shuō：“ Ā， wǒ xǐ gè chuángdān hái děi dào
地 说：“啊， 我 洗 个 床 单 还 得 到

nǐmen nóngcūn qù xǐ ya， wǒ shǎ bu shǎ ya！ ”
你 们 农 村 去 洗 呀， 我 傻 不 傻 呀！ ”[2]

Lǎotàitai tīngle， zuǐjiǎo dòngle dòng， shénme
老 太 太 听 了， 嘴 角[3] 动 了 动， 什 么

yě méi shuō， zhuǎnhuí shēn， yòu kàn chuāng wài le.
也 没 说， 转 回 身， 又 看 窗 外 了。

Lǎotàitai hěn shànliáng， xiǎng gěi lièchēyuán chū gè
老 太 太 很 善 良， 想 给 列 车 员 出 个

1 床单上的茶水能
洗干净…：The old
woman is very kind to
tell the train attendant
how to wash the dirty
bed sheet.

2 我洗个床单还得到
你们农村去洗呀…：
The sentence im-
plies the cold reply of
the train attendant to
the old woman that
it is foolish for her to
bring the dirty sheet
to the countryside to
wash.

傻：stupid

3 嘴角：corners of the
mouth

zhǔyi ,   kěshì lièchēyuán duì tā   yìdiǎnr   yě bù
主意，可是列车员对她一点儿也不

lǐmào .
礼貌。

Nàge   zhànle   lǎotàitai   pù de pàng nánrén yě
那个占 ¹ 了老太太铺的胖男人也

qǐlái le . Tā chuānhǎo yīfu ,   kànjiàn xǔduō rén dōu
起来了。他穿好衣服，看见许多人都

bǐshì de kànzhe tā ,   tā juéde yǒuxiē bù shūfu ,
鄙视地看着他，他觉得有些不舒服，

jiù   líkāi   chēxiāng chōu yān qù le .   Nàge   wèile
就离开车厢抽烟去了。那个为了

lǎotàitai xiǎng dǎjià de niánqīngrén yě qǐlái le ,   tā
老太太想打架的年轻人也起来了，他

cóng lǚxíngbāo li náchū yí gè   júzi gěi lǎotàitai ,
从旅行包里拿出一个橘子给老太太，

shuō : " Chī gè   júzi   ba . "   Lǎotàitai méi yào ,
说："吃个橘子吧。"老太太没要，

lǎotàitai shuō zìjǐ bù chī júzi . Niánqīngrén zhǐhǎo
老太太说自己不吃橘子。年轻人只好

bǎ   júzi shōu qǐlái le . Bào xiǎoháir   de fùnǚ
把橘子收起来了。抱小孩儿的妇女

yě guòlái le ,   tā duì lǎotàitai bù   hǎoyìsi de
也过来了，她对老太太不好意思地

shuō : " Xiǎng hé háizi zǎo diǎnr   qǐlái ràng nǐ qù tǎng
说："想和孩子早点儿起来让你去躺

yíhuìr   de ,   kěshì bù zhī zěnme de ,   shuì dào
一会儿的，可是不知怎么的，睡到

tiānliàng le .   Ài ,   rén yí zuò huǒchē jiùshì gǎndào
天亮了。唉，人一坐火车就是感到

1 占: to occupy

lèi ."　Zhèshí,　yǒu liǎng-sān gè　lǚkè　lái duì tā
累。"这时，有 两 三 个 旅客 来 对 她

biǎoshì guānxīn,　tāmen dōushuō yuànyì ràng tā qù　zìjǐ
表示关心，他们都说愿意让她去自己

de pù shang tǎng yíhuìr.　Lǎotàitai　huídá dàjiā
的铺上 躺一会儿。老太太回答大家

de zǒngshì yí jù huà:" Zhè yí yè dōu áo　guòlái
的总是一句话："这一夜都熬 [1] 过来

le,　jiù yàodào le,　búyòng le ."
了，就要到了，不用了。"

Huǒchē　mànmān xiàngqián kāizhe,　qiánmiàn shì
火车 慢慢 向前开着，前面是

lǎotàitai　xià chē de chēzhàn.　Dāng huǒchē mànmān
老太太下车的车站。 当 火车 慢慢

tíngxià　yǐhòu,　tā　qǐlái de shíhou,　biānzuò
停下以后，她起来的时候，边座

tiàole　qǐlái,　bǎ tā xiàle yí tiào,　" āiyō
跳了起来，把她吓了一跳 [2]，"哎哟

āiyō "　de jiàole jǐ shēng.　Tā líkāi　huǒchē
哎哟"地叫了几声。她离开火车

shuō de zuìhòu yí jù huà shì:" Xìngkuī zuóyè wǒ méi
说的最后一句话是："幸亏昨夜我没

qǐshēn,　yàoshi yì qǐlái nà zuòr jiù lì qǐlái
起身，要是一起来那座儿就立起来

le,　wǒ yòu bú huì bǎ tā fàng xiàlái,　hái bù děi
了，我又不会把它放下来，还不得

zhàn yí yè ya.　" Zhè shì tā gěi lǚkèmen dàilái
站一夜呀。[3]"这是她给旅客们带来

de zuìhòu yí cì xiào.
的最后一次笑。

1 熬: to endure (distress, hard times, etc.); stay up
e.g熬过苦难的岁月
2 吓了一跳: scared out of one's skin
3 幸亏昨夜我没起身…: The old woman does not know the side seat is with spring. She thinks once she stands up then she cannot sit again, and she have to stand for the whole night. That's why she sat on the side seat for the whole night without standing or moving. What she said amused the passengers for the last time.

Rénmen xiàozhe sòng tā xià chē.　Tā dàgài zuòle
人们笑着送她下车。她大概坐了

yí yè, tuǐ yǐjīng mámù le, zǒu de hěn màn.
一夜，腿已经麻木[1]了，走得很慢。

Wǒ zuò zài lǎotàitai zuòguo de biānzuò shang,
我坐在老太太坐过的边座上，

tòuguò chēchuāng nà kuài liàng de dìfang, kànzhe
透过车窗那块亮的地方，看着

xiǎoxiǎo de zhàntái. Tā zhōngyú xiàle huǒchē, bǎ
小小的站台。她终于下了火车，把

lán wéijīn wéi zài tóu shang, kànlái wàimiàn hěn lěng.
蓝围巾围在头上，看来外面很冷。

Tā zài zhàntái shang dōng kàn xī kàn, zhōngyú yǒu gè
她在站台上东看西看，终于有个

niánqīng nǚrén cháo tā pǎolái. Wǒ xiǎng kànkan tā
年轻女人朝她跑来。我想看看她

kànjiànle qīnrén, huì bu huì kū, yīnwèi tā shòule
看见了亲人，会不会哭，因为她受了

yí yè de wěiqū. Kěshì huǒchē yòu kāidòng le,
一夜的委屈[2]。可是火车又开动了，

tā de shēnyǐng yuèláiyuè yuǎn le, zuìhòu zài yě
她的身影[3]越来越远了，最后再也

kànbujiàn le, kànjiàn de shì yí piàn báixuě. Ér
看不见了，看见的是一片白雪。而

wǒ suǒ zuò de biānzuò, háishi rè de, kě wǒ què
我所坐的边座，还是热的，可我却

juéde shēn shang shì lěng de, cónglái méiyǒuguo de
觉得身上是冷的，从来没有过的

hánlěng.
寒冷。

1 麻木: numb
2 委屈: grievance
3 身影: figure, form

Huǒchē shang nàme duō de rén guānxīn tā,
火车 上 那么多的人关心她,

kěshì zhè yí yè, lǎotàitai zuò zài xiǎoxiǎo de biānzuò
可是这一夜，老太太坐在小小的边座

shang guòle yí yè, méiyǒu hē yì kǒu shuǐ, méiyǒu
上 过了一夜，没有喝一口水，没有

chī biérén gěi tā de júzi. Zhè jiàn shìqing yǐjīng
吃别人给她的橘子。这件事情已经

guòqù hěn duō nián le. Měi nián dào Chūn Jié de
过去很多年了。每年到 春节的

shíhou, tiānqì shì zuì lěng de. Wǒ háishi niánnián huí
时候，天气是最冷的。我还是年年回

jiā guònián, kěshì zhèxiē nián wǒ yí shàngle huǒchē,
家过年，可是这些年我一上了火车，

lǎotàitai de shēnyǐng jiù chūxiàn zài wǒ de yǎn qián. Wǒ
老太太的身影就出现在我的眼前。我

hǎoxiàng yòu kànjiàn tā jìngjìng de zuò zài biānzuò shang,
好像又看见她静静地坐在边座上，

pángbiān shì guàzhe báisè bīngshuāng de chēchuāng, kàn
旁边是挂着白色冰霜的车窗，看

shàngqù jiù xiàng shì yì fú xuě chuānglián. Zhè fú
上去就像是一幅雪 窗 帘。这幅

xuě chuānglián hǎoxiàng yǒngyuǎn guà zài chēxiāng li,
雪 窗 帘 好像 永远 挂 在 车厢里,

guà zài wǒ de jìyì li. Wǒ wàngbudiào zhè fú
挂在我的记忆里。我 忘 不掉这幅

xuě chuānglián, yěxǔ shì yīnwèi wǒ méiyǒu gěi nà
雪 窗 帘，也许是因为我没有给那

lǎotàitai ràng wòpù, zhè shǐ wǒ gǎndào xiūkuì.
老太太让卧铺，这使我感到羞愧[1]。

1 **羞愧**: ashamed, abashed

e.g. 她羞愧地低着头。

This story is a simplified version of Chi Zijian's short story 雪窗帘 (*Snow Curtain*), which was published on 山花 (*Mountain Flowers*), No.9, 2005.

About the author Chi Zijian (迟子建):

Chi Zijian is one of the most celebrated writers in China today. She is a member of the China Writers' Association and the vice chairperson of Heilongjiang Writers' Association. She was born in 1964, in Mohe—known as the Arctic Village in Heilongjiang Province. She graduated from Beijing Lu Xun Literature College in 1990. She began to write in 1983 and has published about 40 literary works. Her main works include 树下 (Shù Xià, *Under the Tree*), 晨钟响彻黄昏 (Chén Zhōng Xiǎngchè Huánghūn, *Morning Bell Echoed to Dusk*); the collections of novels 北极村童话 (Běijí Cūn Tónghuà, *Fairy Tale of North Pole*), 向着白夜旅行 (Xiàngzhe Báiyè Lǚxíng, *Travel to the White Night*) and 朋友们来看雪吧 (Péngyoumen Lái Kàn Xuě Ba, *Come to See Snow, Friends*); and the prose collections 听时光飞舞 (Tīng Shíguāng Fēiwǔ, *Listen, Time Is Fluttering*) and 女人的手 (Nǚrén De Shǒu, *Hand of a Female*). She has been granted many national and international awards. The novel 世界上所有的夜晚 (Shìjiè Shang Suǒyǒu De Yèwǎn, *All the Nights in the World*) won the Fourth Lu Xun Literary

Award; while the short stories 亲亲土豆 (Qīnqīn Tǔdòu, *Dear Potato*), 花瓣饭 (Huābàn Fàn, *Petal Meal*), 采浆果的人 (Cǎi Jiāngguǒ De Rén, *The Man Who Picked Berries*) won the Seventh, Tenth and Eleventh Baihua Awards (百花奖) of *Fiction Monthly* (小说月报).

思考题：

1. 这个故事中的"雪窗帘"是什么样的窗帘？
2. 农村的老太太为什么没有睡她的卧铺？
3. 大家是怎么帮老太太想办法，安慰她的？
4. 最后有没有人把卧铺让给老太太？她是怎么在火车上过的那一夜？
5. 农村老太太遇到这样的事情，她的心情怎样？
6. "我"为什么总是忘不掉这幅"雪窗帘"？
7. 老太太说的话常常把大家逗笑。她说了哪些可笑的话？
8. 在现代社会里，人和人之间的关系怎样？

五、城乡简史 [1]

Wǔ、Chéngxiāng Jiǎnshǐ

原著：范小青

Yuánzhù: Fàn Xiǎoqīng

[1] 城乡简史：*Brief History of City and Countryside.* In the story, the account book reflects the changes both in people's mind and life, and changes in city and countryside in the past 30 years in China.

五、城乡简史

This is a tale written by the celebrated writer Fan Xiaoqing (范小青). The story has two themes, but the major focus is on an account book recorded by Jiang Ziqing (蒋自清), an intellectual. Jiang Ziqing has a hobby of keeping his accounts and also collecting his account books. He has a special way of writing these. One day Jiang Ziqing finds one of his account books is lost because he has donated it with other books to a poor rural area by mistake. He goes to the country to look for his missing account book, but cannot find it. The second theme concerns the recipient of the account book, a rural boy called Wang Xiaocai (王小才). Wang Xiaocai's father, Wang Cai (王才), becomes curious about a word "Xiangxunjingyou" (香薰精油), which is mentioned in the account book. Then they want to find out what is Xiangxunjingyou, so they leave their home and move to the city where Jiang Ziqing lives. They start a totally new life in the city. Though they live in poor conditions, they feel happy. The story reflects the changes in farmers' minds since 1979. In the past farmers cared mostly only for their land and stayed with it all their lives. Now they want to change and accept new things, though life is still hard for them. The story reflects the gap between the rural and urban life. Countryside people blindly admire the life in city without recognizing that worry about food and clothes still occurs, etc., while city people yearn for the quiet life, the green vegetables in the country. The story also reflects that the city people today pursue fads. As an example, Ziqing's wife spends more than 400 yuan for a little bottle of Xiangxunjingyou. The dialect of Wang Cai and his ideas provide much humor through the whole story.

故事正文：

Yī
一

Jiǎng Zìqīng shì gè dúshūrén ， tā tèbié
蒋自清是个读书人[1]，他特别
xǐhuan mǎi shū. Mǎi shū shì yí jiàn hào shìqing ， kěshì
喜欢买书。买书是一件好事情，可是
jiā li de shū yuèláiyuè duō le, shū bǎ fángjiān
家里的书越来越多[2]了，书把房间
jǐmǎn le, Jiǎng Zìqīng zhǐhǎo zài shū zhōng shēnghuó
挤满了，蒋自清只好在书中生活
le. Zài shū de shìjiè li ， rén biàn de yuèláiyuè
了。在书的世界里，人变得越来越
xiǎo， shēnghuó yě yuèláiyuè bù fāngbiàn. Zuìhòu
小，生活也越来越不方便。最后
Jiǎng Zìqīng juédìng yào gǎibiàn zhè zhǒng qíngkuàng. Tā
蒋自清决定要改变这种情况。他
juéde bù néng ràng shū yǐngxiǎng zìjǐ de shēnghuó.
觉得不能让书影响自己的生活。
Tā kāishǐ xiǎng zěnyàng chǔlǐ zhème duō de shū. Jiǎng
他开始想怎样处理这么多的书。蒋
Zìqīng de qīzi fēicháng gāoxìng. Tā zǎo jiù xiǎng bǎ shū
自清的妻子非常高兴。她早就想把书
chǔlǐ diào le. Tā yǐjīng děng xǔduō nián le. Jiā li
处理掉了。她已经等许多年了。家里
bǎimǎnle shū， tā zhīdào zǒng yǒu yì tiān jiā li huì
摆满了书，她知道总有一天家里会
zhuāngbuxià de.
装不下的。

1 读书人: intellectual, scholar

2 越来越多: emphasize degree deepening over the passage of time

越来越…: getting more and more

e.g. 越来越热；越来越好

Jiǎng Zìqīng de qīzi jiào Yùxiù. Wèile
蒋自清的妻子叫毓秀。为了

bǎ jiā li de shū chǔlǐ diào. Yùxiù xiǎngle hěn
把家里的书处理掉，毓秀想了很

duō bànfǎ. Jiā li de dà xiǎo shìqing dōu shì Yùxiù
多办法。家里的大小事情都是毓秀

zuò juédìng. Jiǎng Zìqīng dōu tīng tā de. Dànshì
做决定。蒋自清都听她的。但是

guānyú shū de wèntí, Jiǎng Zìqīng jiù bù tīng le.
关于书的问题，蒋自清就不听了。

Jiǎng Zìqīng yào zìjǐ zuò juédìng. Yǒu shíhou tā
蒋自清要自己做决定。有时候他

shěbude¹ bǎ shū chǔlǐ diào, jiù xiǎng gǎibiàn
舍不得¹把书处理掉，就想改变

zhǔyi, bù chǔlǐ le. Yùxiù jiù xiǎng gè zhǒng
主意，不处理了。毓秀就想各种

bànfǎ ràng tā búyào gǎibiàn juédìng.
办法让他不要改变决定。

Yùxiù de yīfu dōu shì hěn guì de. Yì tiān tā
毓秀的衣服都是很贵的。一天她

náchū yīfu gěi Jiǎng Zìqīng kàn, gàosu tā zhèxiē
拿出衣服给蒋自清看，告诉他这些

yīfu dōu bèi chóngzi yǎohuài le². Chóngzi shì cóng
衣服都被虫子咬坏了²。虫子是从

shū li pá chūlái de. Yīnwèi jiā li de shū tài duō,
书里爬出来的。因为家里的书太多，

shíjiān cháng jiù shēng chóngzi³ le. Shū li de chóngzi
时间长就生虫子³了。书里的虫子

hǎoxiàng shénme yě bú pà, yǒu shíhou hái zài dìbǎn
好像什么也不怕，有时候还在地板

---

1 舍不得: be reluctant
to part with sth./sb.
🄴·🄶 这个地方太美了，
我们真是舍不得离开。

2 衣服（都）被虫子
咬坏了: Clothes are
destroyed by worms.

3 生虫子: worms
grow (from the books)

上慢慢地爬，它们还在房间里到处爬。有一次毓秀在报纸上看到一篇文章。文章说：如果家里的书太多，房间里的空气对孩子的身体不好，小孩儿容易生病。为了孩子，蒋自清终于做了最后的决定，同意把书处理掉。一天，蒋自清对毓秀说："好吧，该处理的书，就处理掉，屋子里也确实放不下了。"

处理书的方法很多，可以把书卖掉，送给亲戚朋友，或者扔掉。如果把书扔掉，蒋自清是舍不得的，很多书都是蒋自清好不容易[1]才得到的。他需要的书在书店里很难买到。比如有一本小书，是他坐火车跑到

1 好不容易: not at all easy; very difficult

一个很远的地方去找来的。这么多
年，蒋自清从来没有在别的地方
看到过这本书，现在这本 小 书也和
其他书 放在一起，要被处理掉了。
蒋自清又舍不得了，把这本书拣了
回来。毓秀说："这本书你拣回来，
那本书也拣回来，最后哪本书也处理
不掉。"妻子说得对。蒋自清又把书
放了回去，心里很难受。他喜欢读
书，非常爱书，这些书以前都是他
的精神食粮。一些年过去了，他却
要把它们扔掉。毓秀说："你舍不得
扔掉，那就卖吧，多少也能 卖一点
钱。"可是旧书是卖不了 多少 钱的，
说是卖书，其实就是送 书。

蒋自清想了想，说道："卖它干什么，还是送吧。可是谁要这些书呢？"

毓秀的弟弟说过："现在我用一张 光盘[1]就可以装下你十个房间的书了，我要书干什么？"

蒋自清认识一个人，和他一样喜欢书，也很 想 要他的书，他家里也有地方放书。但是这个人的妻子不同意。因为她和毓秀的关系不好。这个人的妻子说："我们家不要别人的旧书，好像我们很 穷，没钱买书。"

蒋自清不知道把书 送给谁。他看着这些书，还是没什么好办法。

1 光盘: compact disc

Zhèngzài zhè shíhou, shì li de fúpín bàngōngshì

正在这时候，市里的扶贫办公室 [1]

ràng dàjiā xiàng yìxiē pínkùn dìqū de xuéxiào

让大家向一些贫困地区 [2] 的学校

zèng shū. Jiǎng Zìqīng hěn gāoxìng bǎ tā de shū sòng

赠书 [3]。蒋自清很高兴把他的书 送

gěi pínkùn dìqū de xuéxiào. Tā de shū tài duō le,

给贫困地区的学校。他的书太多了，

bānbudòng, jiù qǐngle yí liàng sānlúnchē, bǎ shū

搬不动，就请了一辆 三轮车 [4]，把书

sòng dào le fúpín bàngōngshì.

送 到 了扶贫办公室。

　　Guòle bùjiǔ, Jiǎng Zìqīng fāxiàn tā de

　　过了不久，蒋自清发现他的

yì běn zhàngběn bújiàn le. Tā yǒu jìzhàng

一本 账本 [5] 不见了。他有记账 [6]

de xíguàn, cóng hěn zǎo yǐqián jiù kāishǐ le,

的习惯，从很早以前就开始了，

jiānchíle hěn duō nián dōu, měi nián dōu yǒu yì běn

坚持了很多年都，每年都有一本

zhàngběn. Yìbān de jiātíng dōu yǒu yí gè rén fùzé

账本。一般的家庭都有一个人负责

jìzhàng, qíshí jiātíng zhàngběn yě méiyǒu shénme

记账，其实家庭账本也没有什么

tèbié de. Dànshì Jiǎng Zìqīng de jìzhàng fāngfǎ

特别的。但是 蒋自清的记账方法

hé qítā rén bù yíyàng. Biérén jìzhàng yìbān jì

和其他人不一样。别人记账一般记

zhège yuè mǎile shénme dōngxi, yòngle duōshaoqián,

这个月买了什么东西，用了多少钱，

1 扶贫办公室: Office for Aiding the Poor

2 贫困地区: poor region; impoverished area

贫困: in pinching poverty

e.g. 那里人的生活很贫困。

3 赠书: donate books

4 三轮车: tricycle

5 账本: account book

6 记账: keep accounts

再写上年、月、日。这是比较认真
的记账方法。

虽然蒋自清在账本上也记着
买了什么东西，花了多少钱，和
年、月、日，但是他的账本跟别人
的不同，除了记账以外，他还记了
很多内容，比如为什么买这件东西，
买东西的心情，去了哪个商店，是
怎么去的，走去的，还是坐公共
汽车，或者是打的¹去的，天气
怎么样等等。这些内容他都要写
清楚。有时候他还记跟他没有关系的
事，比如，记别人的小故事等等。
他的账本记的内容确实太多了。

蒋自清的账本，虽然内容多，

1 打的: take a taxi,
same as 坐出租汽车.

dànshì jì de bǐjiào suíbiàn, tā xiǎng duō jì jiù duō
但是记得比较随便，他想多记就多

jì yìdiǎnr, xiǎng shǎo xiě jiù shǎo xiě yìdiǎnr,
记一点儿，想少写就少写一点儿，

xīnqíng hǎo jiù duō xiě diǎnr, méiyǒu shíjiān jiù shǎo
心情好就多写点儿，没有时间就少

xiě diǎnr, xīnqíng bùhǎo de shíhou jiù xiě de jiǎndān
写点儿，心情不好的时候就写得简单

yìdiǎnr. Yǒu shíhou jì de tài jiǎndān le, zhǐyǒu
一点儿。有时候记得太简单了，只有

tā zìjǐ cái néng kàndǒng, bǐrú: "Shǒujī:
他自己才能看懂，比如："手机：

yìbǎi qīshíwǔ yuán." Zhè shì Jiǎng Zìqīng jì de shǒujīfèi[1]
1 7 5 元。"这是蒋自清记的手机费[1]

yìbǎi qīshíwǔ yuán.
1 7 5 元。

Yǒu shíhou tā jì de zhàng tài suíbiàn, guòle
有时候他记的账太随便，过了

jǐ nián kěnéng lián tā zìjǐ dōu kànbudǒng le[2],
几年可能连他自己都看不懂了[2]，

bǐrú: Wǔ nián qián jì de "Nán chī: jiǔshíqī
比如：五年前记的"南吃：9 7

yuán".
元"。

Yìbān rén jìle zhàng yǐhòu, jiù hěn shǎo kàn
一般人记了账以后，就很少看

le, yěxǔ yǒngyuǎn bú kàn le. Kěshì Jiǎng Zìqīng
了，也许永远不看了。可是蒋自清

yǒu gè xíguàn, guò yí duàn shíjiān, yǒu kòngr de
有个习惯，过一段时间，有空儿的

1 手机费: mobile phone bill
2 连他自己都看不懂了: Even he himself does not understand.
连…都 / 也: even
e.g. 他连这个电影都没看过。

时候，他就把老账本找出来看看，也没有什么意义，就是想看看。当他看到"南吃"两个字的时候，就停下来，想一想这两个字的故事。如果忘了，蒋自清就根据这两个字的意思去想。"南吃"："吃"，一般说来一定跟吃东西有关系。那么这个"南"是什么意思呢？是不是一个叫什么"南"的饭店？他在那儿吃过饭？这个账本是五年以前的账本。蒋自清就这样慢慢地回忆"南吃"这两个字的意思。

他在回忆，五年以前，城里有没有叫"南……饭店"呢？他自己

kěnéng qùguo nǎxiē fàndiàn ne? Dànshì xiànzài de
可能去过哪些饭店呢？但是现在的

fàndiàn kāidekuài, guān de yě kuài. Wǔ nián qián
饭店开得快，关得也快。五年前

de fàndiàn xiànzài yǐjīng méiyǒu rén jì de qīngchu le.
的饭店现在已经没有人记得清楚了。

Zài shuō le, Jiǎng Zìqīng yìbān chūqù chī fàn dōu shì
再说了，蒋自清一般出去吃饭都是

biérén qǐng, tā zìjǐ huā qián qǐng rén chī fàn de cì
别人请，他自己花钱请人吃饭的次

shù bú tài duō, suǒyǐ tā rènwéi "nán chī" kěnéng
数不太多，所以他认为"南吃"可能

bú shì zài chéng li fàndiàn chī fàn de yìsi.
不是在城里饭店吃饭的意思。

Nàme "nán chī" zhè liǎng gè zì shì bu
那么"南吃"这两个字是不

shì zài wàidì de shénme "nán" fàndiàn chī de
是在外地的什么"南"饭店吃的

ne? Bǐrú Nánjīng, nánfāng, Nán Yà, Nánfēi
呢？比如南京，南方，南亚，南非

děngděng. Jiǎng Zìqīng xiǎngle xiǎng, juéde yě bú
等等。蒋自清想了想，觉得也不

tài kěnéng, yīnwèi tā méiyǒu qùguo nàxiē dìfang,
太可能，因为他没有去过那些地方，

tā zhǐ qùguo yí gè jiào "Nántángwān" de dìfang,
他只去过一个叫"南塘湾"的地方，

yě shì biérén qǐng tā qù de, tā de péngyou bù
也是别人请他去的，他的朋友不

kěnéng ràng tā mǎidān. Tā xiǎng bu qǐlái le, tā
可能让他买单¹。他想不起来了，他

---

1 买单: pay the bill at a restaurant

真的忘了"南吃"到底是什么意思，也不知道账本上的90多块钱是怎么花的。但是蒋自清这种账不太多。一般情况下，他的账是记得很清楚的。

　　蒋自清账本里的很多内容其实也没有什么重要的。但是从他的账本可以看出他的生活变化。他开始记账的时候是想节约用钱，计划开支[1]。因为以前收入低[2]，大家总是要想一些办法少用钱。记账就是节约用钱的一个办法，许多家庭都是这么做的。其实记账也没什么用，账虽然记了，可是该花的钱还是要花，不会因为这笔钱花了

1 节约用钱，计划开支: save money and plan for expenses
开支: pay, expenses, same as 支出
2 收入低: low income
收入: income

yào jìzhàng, jiù bù huā le. Suǒyǐ, hěn duō nián
要记账，就不花了。所以，很多年

guòqù le. gāi huā de qián yě huā le, bù gāi huā
过去了，该花的钱也花了，不该花

de qián yě huā le.
的钱也花了。

Jiǎng Zìqīng de zhàngběn yuèláiyuè duō le. Yǒu
蒋自清的账本越来越多了。有

kòngr de shíhou, tā jiù zhǎochū yì běn, fān dào nǎ
空儿的时候，他就找出一本，翻到哪

yì nián, jiù xiǎngdào nà yì nián de shìqing. Yǒuxiē
一年，就想到那一年的事情。有些

shì jì bù qīngchu le, zhàngběn kěyǐ bāngzhù tā
事记不清楚了，账本可以帮助他

huíyì, bǐrú yǒu yí cì tā náchū yī jiǔ bā liù nián de
回忆，比如有一次他拿出1986年的

zhàngběn lái kàn, tā xiǎngle yíxià yī jiǔ bā liù nián de hěn
账本来看，他想了一下1986年的很

duō shìqing, dànshì hěn duō shìqing tā dōu wàng le. Tā
多事情，但是很多事情他都忘了。他

fānkāi zhàngběn, zhàngběn shang xiězhe: Bā liù nián èr
翻开账本，账本上写着：86年2

yuè sān rì zhīchū — Shíliù yuán èr jiǎo (jiǔ èr yuán,
月3日支出——16元2角（酒2元，

ròu yì yuán, jiǔ cài bā jiǎo, diǎnxin yì yuán, zǎo yì
肉1元，韭菜8角，点心1元，枣1

yuán sān jiǎo, miàn sì jiǎo, jī bā jiǎo, huāshēng wǔ
元3角，面4角，鸡8角，花生5

jiǎo, pénzi bā yuán sì jiǎo).
角，盆子8元4角）。[1]

在收入部分，蒋自清记着：86
年1月9日，自清月工资[1]64元。

以前的账本记得比较简单。

翻开旧账本，慢慢地回忆起以前
的事情，蒋自清总是感到这是一
种享受[2]。除了这一点以外，记账
的意义就是对孩子进行教育，让他
知道以前的生活不容易。他经常跟
孩子说："你看看，从前我们是怎么
过日子的，你看看，我们过年，就
花这么少一点儿钱。"

但是蒋自清的孩子好像不愿意
接受这样的教育，他好像对钱
没有兴趣，就更没有节约用钱的
想法。跟孩子讲以前的事情，他

1 月工资: monthly salary
2 享受: enjoyment

suīrán rènzhēn tīngzhe, hái diǎnzhe tóu, dànshì yí
虽然认真听着，还点着头，但是一

kàn tā de yàngzi, nǐ jiù zhīdào tā shénme yě méiyǒu
看他的样子，你就知道他什么也没有

tīng jìnqù.
听进去。

　　Yǐqián Jiǎng Zìqīng jìzhàng shì yīnwèi gōngzī dī,
　　以前蒋自清记账是因为工资低，

shōurù shǎo, wèile jiéyuē qián. Hòulái tā de
收入少，为了节约钱。后来他的

shēnghuó tiáojiàn mànmān de hǎo le, érqiě yuèláiyuè
生活条件慢慢地好了，而且越来越

hǎo. Xiànzài tā hé qīzi de gōngzuò dōu búcuò,
好。现在他和妻子的工作都不错，

jiātíng shōurù yì nián bǐ yì nián gāo. Xiànzài tā
家庭收入一年比一年高。现在他

de háizi shàng zhōngxué le, xuéxí chéngjì hěn
的孩子上中学了，学习成绩很

hǎo, yǐhòu shàng dàxué huòzhě chūguó xuéxí dōu yǒu
好，以后上大学或者出国学习都有

jiǎngxuéjīn[1], kěnéng bú yòng tā de qián. Xiànzài jiā
奖学金[1]，可能不用他的钱。现在家

li mǎile xīn fángzi, hái mǎile yí liàng qìchē,
里买了新房子，还买了一辆汽车，

tā de qīzi kāi. Zhèyàng de shēnghuó tiáojiàn
他的妻子开。这样的生活条件

fēicháng búcuò le, Jiǎng Zìqīng kěyǐ bú jìzhàng le;
非常不错了，蒋自清可以不记账了；

érqiě zhèxiē zhàngběn méiyǒu shénme yòng, hái tǐng
而且这些账本没有什么用，还挺

1 奖学金: scholarship

zhàn dìfang de .
占地方的。

Jiǎng Zìqīng xiǎngguo tíngzhǐ jìzhàng de xíguàn ,
蒋自清想过停止记账的习惯，
dànshì bú jìzhàng , tā zuòbudào . Jìzhàng yǐjīng
但是不记账，他做不到。记账已经
chéngle tā de xíguàn . Nà jiù jìxù jìzhàng ba .
成了他的习惯。那就继续记账吧。

Rìzi jiù zhèyàng yì nián yì nián de guòqù le ,
日子就这样一年一年地过去了，
zhàngběn yuèláiyuè duō , měi nián de zuìhòu yì tiān ,
账本越来越多，每年的最后一天，
tā jiù bǎ zhè yì nián de zhàngběn shōu qǐlái , fàng
他就把这一年的账本收起来，放
zài shūguì de zuì dǐ céng . Zhàngběn shì bú ràng
在书柜¹的最底层。账本是不让
biérén kàn de , nà shì zìjǐ de dōngxi , bú xiàng
别人看的，那是自己的东西，不像
shū , fàng zài shūguì shàngmiàn , rènhé rén dōu kěyǐ
书，放在书柜上面，任何人都可以
kàn . Yǒude kèrén kàndào tā de shū , chángcháng
看。有的客人看到他的书，常常
shuō : " Wā , Jiǎng Zìqīng a , nǐ zhēnshi yí wèi
说："哇，蒋自清啊，你真是一位
cángshūjiā ! "
藏书家²！"

Yì tiān , Jiǎng Zìqīng dǎkāi shūguì , tūrán
一天，蒋自清打开书柜，突然
fāxiàn shǎole yì běn zhàngběn , shǎo de shì qùnián
发现少了一本账本，少的是去年

1 书柜: book cabinet
2 藏书家: bibliophile

de zhàngběn .   Tā zhǎole yòu zhǎo ,   xiǎngle yòu xiǎng ,
的账本。他找了又找，想了又想，

zuìhòu tā xiǎng ,   huì bu huì shì fàng zài jiù shū li sòng
最后他想，会不会是放在旧书里送

gěi pínkùn   dìqū le .   Rúguǒ shì sònggěile   pínkùn
给贫困地区了。如果是送给了贫困

dìqū ,   nàme zhàngběn jiù hé   qítā shū yìqǐ ,
地区，那么账本就和其他书一起，

sòngdàole yí gè pínkùn xuéxiào .   Tā bù zhīdào xuéxiào
送到了一个贫困学校。他不知道学校

bǎ zhèxiē shū shì fàng zài xuéxiào li ne ,   háishi fēn
把这些书是放在学校里呢，还是分

gěi měi gè xuéshēng ne ?
给每个学生呢？

Jiǎng Zìqīng xiǎng ,   rúguǒ   tā   de zhàngběn sòng
蒋自清想，如果他的账本送

dào le pínkùn   dìqū ,   xuéshēng náqùle   yě bù
到了贫困地区，学生拿去了也不

yídìng kàn .   Zuìhòu tāmen hěn kěnéng jiù bǎ zhàngběn
一定看。最后他们很可能就把账本

rēng le .   Yīnwèi zhàngběn bú shì shū ,   méiyǒu rènhé
扔了。因为账本不是书，没有任何

de jiàoyù   yìyì ,   yě méiyǒu shénme zhīshi   kěyǐ
的教育意义，也没有什么知识可以

ràng háizimen   xué ,   gèng méiyǒu shénme   yìsi .
让孩子们学，更没有什么意思。

Kěshì zhàngběn duìyú Jiǎng Zìqīng lái shuō ,   yìyì   jiù
可是账本对于蒋自清来说，意义就

bù yíyàng le .   Shǎole zhè běn zhàngběn ,   suīrán tā
不一样了。少了这本账本，虽然他

de shēnghuó bú shòu yǐngxiǎng , dàn tā hǎoxiàng juéde
的 生 活 不 受 影 响 ， 但 他 好 像 觉 得

shǎole shénme dōngxi . tā hǎoxiàng yǒule shēng bìng de
少 了 什 么 东 西 ， 他 好 像 有 了 生 病 的

gǎnjué , xīnli luànqībāzāo de .
感 觉 ， 心 里 乱 七 八 糟 [1] 的 。

Tā qīzi Yùxiù hé péngyoumen yǐwéi tā bìng
他 妻 子 毓 秀 和 朋 友 们 以 为 他 病

le , dài tā qù yīyuàn kàn yīshēng . Yīshēng shuō :
了 ， 带 他 去 医 院 看 医 生 。 医 生 说 ：

" Tā de shēntǐ méiyǒu bìng , dànshì jīngshén shang
" 他 的 身 体 没 有 病 ， 但 是 精 神 上

yǒudiǎnr wèntí , shì yì zhǒng xīnbìng . " Xīnbìng
有 点 儿 问 题 ， 是 一 种 心 病 [2] 。 " 心 病

yě kěnéng biànchéng shēntǐ shang de bìng . Qíshí
也 可 能 变 成 身 体 上 的 病 。 其 实

Jiǎng Zìqīng de bìng shì gēn zhàngběn yǒu guānxì . Tā
蒋 自 清 的 病 是 跟 账 本 有 关 系 。 他

xīnli xiǎng , tā yídìng yào zhǎohuí zhàngběn , bǎ
心 里 想 ， 他 一 定 要 找 回 账 本 ， 把

xīnbìng zhìhǎo .
心 病 治 好 。

Jiǎng Zìqīng dì-èr tiān dào fúpín bàngōngshì
蒋 自 清 第 二 天 到 扶 贫 办 公 室

qù le . tā xīwàng zèngsòng de shū méi sòngzǒu ,
去 了 ， 他 希 望 赠 送 [3] 的 书 没 送 走 ，

kěshì shū yǐjīng sòngzǒu le . Fúpín bàngōngshì de
可 是 书 已 经 送 走 了 。 扶 贫 办 公 室 的

rén hěn rènzhēn , bǎ zèng shū de rén dōu jì xiàlái le .
人 很 认 真 ， 把 赠 书 的 人 都 记 下 来 了 。

1 乱七八糟: (idiom) at sixes and sevens; in great disorder; in an awful mess

e.g. 他的房间里真是乱七八糟的。

e.g. 我心里乱七八糟的，现在不想吃饭。

2 心病: mental worries; worry

3 赠送: give as a present

Bàngōngshì de rén wèn tā zèngsòngle shénme zhòngyào de
办公室的人问他赠送了什么重要的
dōngxi, tā shuō zèngsòng de shì shū, lǐmiàn yǒu yì
东西，他说赠送的是书，里面有一
běn zhòngyào de bǐjìběn. Jiǎng Zìqīng bù hǎoyìsi
本重要的笔记本。蒋自清不好意思
shuō shì zhàngběn, bàngōngshì de rén hěn máng, yàoshi
说是账本，办公室的人很忙，要是
zhīdào tā zhǎo yì běn jiātíng zhàngběn, tāmen huì
知道他找一本家庭账本，他们会
juéde shì gěi tāmen tiān máfan. Bàngōngshì de rén
觉得是给他们添麻烦 [1]。办公室的人
nàixīn de bāngzhù tā chále yíxià zèng shū jìlù
耐心地帮助他查了一下赠书记录 [2]，
zhōngyú zhǎodàole tā de míngzi "Jiǎng Zìqīng". Tā
终于找到了他的名字"蒋自清"。他
de míngzi hòumiàn xiězhe "zèng shū yìbǎi wǔshí'èr
的名字后面写着"赠书一百五十二
běn".
本"。

Jiǎng Zìqīng hái xīwàng néng chádào tā de
蒋自清还希望能查到他的
zhàngběn. Dànshì bàngōngshì de rén gàosu tā, zhè
账本。但是办公室的人告诉他，这
shì bù kěnéng de. Qíshí Jiǎng Zìqīng yě zhīdào zhè
是不可能的。其实蒋自清也知道这
shì bù kěnéng de. Tā de shū zuìhòu sòngdàole nǎge
是不可能的。他的书最后送到了哪个
xuéxiào, méi rén néng shuō qīngchu. Dànshì bàngōngshì
学校，没人能说清楚。但是办公室

1 添麻烦: bring trouble
2 记录: record

de rén gàosu tā , zhèxiē zèngsòng de shū dōu sòng dào
的人告诉他，这些赠送的书都送到

xībù de Gānsù Shěng qù le . Yě jiùshì shuō ,
西部的甘肃省¹去了。也就是说，

tā de shū bèi zhuāng zài dà kǒudai li , zhuāngshàng
他的书被装在大口袋里，装上

huǒchē , ránhòu , cóng huǒchē shangbān xiàlái , yòu
火车，然后，从火车上搬下来，又

zhuāngshàng qìchē , huòzhě zhuāngshàng qítā de gè
装上汽车，或者装上其他的各

zhǒng chē , zuìhòu sòng dào nóngcūn de yí gè xiǎoxué
种车，最后送到农村的一个小学

huò zhōngxué . Zuìhòu zhèxiē shū dàole nǎlǐ , zèng
或中学。最后这些书到了哪里，赠

shū de rén kěnéng yǒngyuǎn yě bù zhīdào .
书的人可能永远也不知道。

Èr
二

Jiǎng Zìqīng bù zhīdào tā de shū bèi sòng dào yí
蒋自清不知道他的书被送到一

gè jiào Xiǎowáng Zhuāng de dìfang . Zhège dìfang
个叫小王庄²的地方。这个地方

zài Gānsù Shěng xībù . Xiǎowáng Zhuāng yǒu yí gè
在甘肃省西部。小王庄有一个

xiǎoxué , tā de shū jiù bèi sòng dào le zhège xiǎoxué .
小学，他的书就被送到了这个小学。

Zhège xiǎoxué yǒu yí gè xuéshēng jiào Wáng Xiǎocái , tā
这个小学有一个学生叫王小才，他

1 **甘肃省**: Gansu Province
2 **小王庄**: Xiaowang-zhuang Village

nádàole Jiǎng Zìqīng de zhàngběn， dàihuí jiā qù le.
拿到了蒋自清的账本，带回家去了。

Wáng Xiǎocái de bàba jiào Wáng Cái. Wáng
王小才的爸爸叫王才。王

Cái shàng xué bù duō， dànshì néng rènshi jǐ gè zì.
才上学不多，但是能认识几个字，

zài cūnzi li tā yě suànshì hěn yǒu wénhuà de rén le.
在村子里他也算是很有文化的人了。

Zài zhège cūnzi li， dàduōshù rén shì bú rènshi
在这个村子里，大多数人是不认识

zì de， suǒyǐ Wáng Cái gǎndào tèbié zìháo. Tā
字的，所以王才感到特别自豪。他

jīngcháng gàosu érzi Wáng Xiǎocái yào hǎohāor
经常告诉儿子王小才要好好儿

xuéxí. Wáng Cái duì biérén shuō， tā yídìng yào ràng
学习。王才对别人说，他一定要让

érzi hǎohāor xuéxí， tāmen jiā yǐhòu yào kào
儿子好好儿学习，他们家以后要靠

Wáng Xiǎocái gǎibiàn mìngyùn.
王小才改变命运[1]。

Zèngsòng de shū dào Xiǎowáng Zhuāng Xiǎoxué de nà
赠送的书到小王庄小学的那

tiān， shū méiyǒu fā gěi xuéshēng. Wáng Xiǎocái huí
天，书没有发给学生。王小才回

jiā gàosu Wáng Cái， shuō xuéxiào láile xǔduō shū.
家告诉王才，说学校来了许多书。

Wáng Cái shuō， rúguǒ fàng zài xuéxiào li， shū zuìhòu
王才说，如果放在学校里，书最后

dào nǎ qùle shì méiyǒu rén zhīdào de. háishi yīnggāi
到哪去了是没有人知道的，还是应该

1 改变命运: change
one's fate

把书分给大家，让大家拿回家去看，
小孩儿可以看，大人也可以看。

小王庄的校长跟王才的
想法一样。校长说，以前赠送的
书，现在一本也没有了，还不如把书
分给你们带回去，如果想多看几本
书，你们就互相换着看，或者借着
看。但是这些书怎么分给大家呢？
校长是有办法的。校长给每本书
贴上一个号，然后让学生抽号，
抽到哪个号，就拿走哪本书，结果
王小才抽到蒋自清的账本。账本
看上去很像书，大家没有发现
账本不是书。王小才高高兴兴地把
账本带回家去，交给王才。王才

翻开[1]一看，说："儿子，你拿错了，这不是书。"

王才拿着账本到学校去找校长。校长说，虽然账本不是书，但它是作为书赠送的，我们也应该把账本发下去。你们不要，就退回来，换一本是不可能的，因为学校已经没有书了。要是有学生愿意跟你们换，你们可以自己换。

但是谁会要一本账本呢！书是印[2]出来的，可是账本是一个人用钢笔写出来的。一般的书上面印着价格，几块钱、十几块钱，或者更多的钱。可是这个账本没有价格，也不会有人要这本账本。

1 翻开: open up
2 印: to print

WángCái zuìhòu zhǎodào xiāng jiàoyù bàngōngshì,
王才最后找到乡教育办公室[1],

xiāng jiàoyù bàngōngshì de tóngzhì shuō shū dōu fēnwán
乡教育办公室的同志说书都分完

le, méi bànfǎ huàn le. Zuìhòu tāmen náchū
了，没办法换了。最后他们拿出

bàngōngshì zìjǐ liúxià de yì běn shū 《Qiǎn Lùn
办公室自己留下的一本书《浅论

Xiāngcūn Xiǎoxué Jiàoyù 》. Bàngōngshì de rén shuō,
乡村小学教育》[2]。办公室的人说，

rúguǒ Wáng Cái xiǎng yào, jiù sòng gěi tā. Wáng
如果王才想要，就送给他。王

Cái shuō, tā xiǎng huàn shū, tā kěyǐ bǎ zhàngběn
才说，他想换书，他可以把账本

liúgěi xiāng jiàoyù bàngōngshì, názǒu 《Qiǎn
留给乡教育办公室，拿走《浅

Lùn Xiāngcūn Xiǎoxué Jiàoyù 》. Dànshì xiāng jiàoyù
论乡村小学教育》。但是乡教育

bàngōngshì de tóngzhì shuō, zhè zhàngběn tāmen
办公室的同志说，这账本他们

liúzhe méiyǒu yòng, háishi ràng Wáng Cái názǒu.
留着没有用，还是让王才拿走。

Wáng Cái shuō, tā bù néng yào liǎng běn shū. Xiāng
王才说，他不能要两本书。乡

jiàoyù bàngōngshì de tóngzhì shuō, tāmen de gōngzuò
教育办公室的同志说，他们的工作

dōu shì wèile xuésheng, zhǐyào xuésheng xǐhuan,
都是为了学生，只要学生喜欢，

náqù kàn jiù xíng le. Zhèyàng Wáng Cái bǎ shū
拿去看就行了。这样王才把书

1 乡教育办公室: the educational office of a small town

2《浅论乡村小学教育》: a book name, *An Elementary Introduction to Primary School Education in Rural Area*

浅论: (used in titles of books and articles) elementary introduction

hé zhàngběn yìqǐ dàihuí jiā. Tā gǎndào fēicháng
和账本一起带回家。他感到非常

mǎnyì.
满意。

Kěshì Wáng Cái hé Wáng Xiǎocái rènshi de
可是王才和王小才认识的

zì bù duō, kànbudǒng 《 Qiǎn Lùn Xiāngcūn Xiǎoxué
字不多，看不懂《浅论乡村小学

Jiàoyù 》. Shū li jiǎng de nèiróng dōu shì jiàoyù
教育》。书里讲的内容都是教育

wèntí, bǐrú, xiāngcūn jiàoyù yào xiān gǎohǎo
问题，比如，乡村教育要先搞好

jīchǔ jiàoyù, dàn shénme shì jīchǔ jiàoyù, Wáng
基础教育，但什么是基础教育，王

Cái hé Wáng Xiǎocái dōu bù zhīdào. Suīrán Wáng Cái hé
才和王小才都不知道。虽然王才和

Wáng Xiǎocái kànbudǒng, dànshì Wáng Cái bù shēngqì,
王小才看不懂，但是王才不生气，

tā duì Wáng Xiǎocái shuō: " Bǎ zhè běn shū shōu qǐlái,
他对王小才说："把这本书收起来，

hǎohāor de shōu qǐlái, děng nǐ zhǎngdà le,
好好儿地收起来，等你长大了，

rènshi de zì duō le, jiù néng kàndedǒng le. "
认识的字多了，就能看得懂了。"

Tāmen kànbudǒng 《 Qiǎn Lùn Xiāngcūn Xiǎoxué
他们看不懂《浅论乡村小学

Jiàoyù 》, jiù shèngxià zhàngběn le. Wáng Cái dédào
教育》，就剩下账本了。王才得到

liǎng běn shū, bǐ biérén duō le yì běn, kāishǐ
两本书，比别人多了一本，开始

de shíhou tā juéde yǒudiǎn duìbuqǐ xiāng jiàoyù
的时候他觉得有点对不起乡教育

bàngōngshì. Xiànzài tā juéde zhè liǎng běn shū méi
办公室。现在他觉得这两本书没

yìsi, yì běn shì kànbudǒng de shū, hái yǒu yì běn
意思，一本是看不懂的书，还有一本

shì chénglirén de zhàngběn, méiyǒu yòng. Liǎng běn
是城里人的账本，没有用。两本

shū hái bùrú línjū jiā de yì běn shū hǎo. Línjū
书还不如邻居[1]家的一本书好。邻居

jiā de háizi yùnqi hǎo, fēndàole yì běn hěn yǒu
家的孩子运气好，分到了一本很有

yìsi de shū, bǎ shū dú yí biàn, jiù hǎoxiàng dào
意思的书，把书读一遍，就好像到

shìjiè lǚyóule yí tàng. Wáng Cái shēngqì le,
世界旅游了一趟[2]。王才生气了，

tā bǎ Jiǎng Zìqīng de zhàngběn ná guòlái, yě bǎ
他把蒋自清的账本拿过来，也把

Wáng Xiǎocái zhuā guòlái, shuō: "Nǐ kànkan, nǐ
王小才抓过来，说："你看看，你

kànkan, nǐ de chòushǒu chōudào zhè yì běn méiyǒu
看看，你的臭手[3]抽到这一本没有

yòng de shū!" Wáng Cái yě míngbai shū dōu fēnwán
用的书！"王才也明白书都分完

le, zìjǐ érzi de yùnqi bù hǎo yǒu shénme
了，自己儿子的运气不好有什么

bànfǎ ne!
办法呢！

Wáng Xiǎocái zhīdào zìjǐ cuò le, dīzhe
王小才知道自己错了，低着

1 邻居: neighbor

2 旅游了一趟: a travel to

趟: (classifier) indi-
cating a trip or trips
made

e.g. 我到北京旅游了一趟。

3 臭手: bad luck in
drawing lots

臭: bad smell, as op-
posed to fragrant 香

tóu，dàn tā de yǎnjing tōutōu de kànzhe nà běn fānkāi
头，但他的眼睛偷偷地看着那本翻开

de zhàngběn. Tā kàndàole yí gè cí "xiāngxūn
的账本。他看到了一个词"香薰

jīngyóu". Tā rènshi zhè jǐ gè zì，dànshì bù
精油[1]"。他认识这几个字，但是不

zhīdào yìsi. Wáng Xiǎocái wèn："Bàba，shénme
知道意思。王小才问："爸爸，什么

jiào 'xiāngxūn jīngyóu'？" Tīngle Wáng Xiǎocái de
叫'香薰精油'？"听了王小才的

huà，Wáng Cái yě cháo zhàngběn kànle yì yǎn，tā
话，王才也朝账本看了一眼，他

yě kàndàole nàge cí："xiāngxūn jīngyóu".
也看到了那个词:"香薰精油"。

Wáng Cái jiù jiēzhe zhège "xiāngxūn jīngyóu"
王才就接着这个"香薰精油"

kàn xiàqù le. Tā zěnme yě méi xiǎngdào，tā zhè
看下去了。他怎么也没想到，他这

yí kàn，jiù kāishǐ duì zhè běn zhàngběn yǒu xìngqù
一看，就开始对这本账本有兴趣

le. Zhàngběn shang de nèiróng，duì tā lái shuō
了。账本上的内容，对他来说

tài xīnxiān le，dōu shì tā cónglái méi tīngshuōguo
太新鲜了，都是他从来没听说过

de shì. Wáng Cái zǐxì kànle kàn. Zhè shì
的事。王才仔细看了看。这是

èr líng líng sì nián jì de zhàng. Zhàngběn shang
2004年记的账。账本上

xiězhe：Wǔ fàn hòu Yùxiù shuō tā gǎndào liǎn shang
写着：午饭后毓秀说她感到脸上

bù shūfu, qùle měiróngyuàn, měiróngyuàn ràng
不舒服，去了美容院[1]，美容院 让

tā yòng yì zhǒng xiāngxūn jīngyóu, jiàgé liùbǎi qīshíjiǔ
她用一种香薰精油，价格 6 7 9

yuán. Měiróngyuàn gěi Yùxiù dǎ qī zhé, jiàgé
元。美容院给毓秀打七折[2]，价格

shì sìbǎi qīshíwǔ yuán. Náhuí jiā lái yí kàn, zhuāng
是 4 7 5 元。拿回家来一看， 装

"xiāngxūn jīngyóu" de píngzi tèbié xiǎo, jiùxiàng
"香薰精油" 的瓶子特别小， 就像

mǔzhǐ nàme dà. Měiróngyuàn ràng tā měi cì xǐ
拇指[3]那么大。美容院 让她每次洗

liǎn yǐhòu, cā yìdiǎnr zài liǎn shang, kěyǐ
脸以后，擦一点儿在脸 上， 可以

měiróng. Dàjiā dōu shuō, xiànzài yǒu liǎng zhǒng
美容。大家都说，现在有 两 种

rén de qián hǎo piàn, jiùshì nǚrén hé xiǎo háir
人的钱 好 骗[4]，就是女人和小孩儿。

Kàn qǐlái hái hěn yǒu dàolǐ. Suīrán měiróng de dōngxi
看起来还很有道理。虽然美容的东西

hěn guì, dànshì nǚrén wèile piàoliang, tāmen shì
很贵，但是女人为了漂亮， 她们是

yuànyì huā qián de.
愿意花钱的。

Wáng Cái bǎ zhè duàn huà kànle sān biàn, yě
　　王 才把这段话看了三遍，也

méi nòng qīngchu "xiāngxūn jīngyóu" shì shénme.
没弄清楚"香薰精油"是什么。

Tā wèn Wáng Xiǎocái: "Nǐ shuō zhè shì gè shénme
他问 王 小才："你说这是个什么

1 美容院: beauty salon

2 打七折: 30% discount

3 拇指: thumb

4 骗: to cheat

dōngxi ? "

东西？"

Wáng Xiǎocái shuō : " Shì ' xiāngxūn jīngyóu ' . "

王 小才 说：“是‘香薰 精油’。”

Wáng Cái shuō : " Wǒ zhīdào shì ' xiāngxūn

王 才 说：“我 知道 是‘香薰

jīngyóu ' , wǒ wèn nǐ zhè sì gè zì shì shénme

精油’，我 问 你 这 四 个 字 是 什么

yìsi ? "

意思？”

Wáng Cái kànzhe zìjǐ de shǒuzhǐ , yòu shuō :

王 才 看着 自己 的 手指，又 说：

" Zhème xiǎo gè dōngxi , sìbǎi qīshíwǔ kuài qián ? Zhè

“这么 小 个 东西，4 7 5 块 钱？这

sìbǎi qīshíwǔ kuài shì bu shì qián a ! Wǒ hái méi jiànguo

4 7 5 块 是 不 是 钱 啊！我 还 没 见过

zhème guì de dōngxi ne ! ' Xiāngxūn jīngyóu ' shì

这么 贵 的 东西 呢！‘香薰 精油’是

shénme gāojí dōngxi ne ? Yě tài guì le ! "

什么 高级 东西 呢？也 太 贵 了！”

Wáng Xiǎocái shuō : " Sìbǎi qīshíwǔ kuài qián , rúguǒ

王 小才 说：“4 7 5 块 钱，如果

kào nǐ hé māma zhòng dì , yì nián yě zhòng bu chū

靠 你 和 妈妈 种 地，一 年 也 种 不 出

sìbǎi qīshíwǔ kuài qián a ! "

4 7 5 块 钱 啊！”

Wáng Cái shēngqì le , " Wáng Xiǎocái , nǐ shì xián

王 才 生气 了，“王 小才，你 是 嫌

nǐ niáng lǎozi méiyǒu běn shì , shì bu shì ? "

你 娘 老子¹ 没有 本 事，是 不 是？”

1 娘老子: mother and father

Wáng Xiǎocái jímáng shuō：" Bú shì de， wǒ shì
王小才急忙说："不是的，我是

shuō zhè dōngxi tài guì le， wǒmen yòngbuqǐ．"
说这东西太贵了，我们用不起。"

Wáng Cái pīpíng Wáng Xiǎocái， shuō：" Nǐ hái
王才批评王小才，说："你还

xiǎng yòng yi yòng ma？ Nǐ néng kàndào zhè sì gè zì，
想用一用吗？你能看到这四个字，

jiù suàn nǐ yùnqi hǎo le．"
就算你运气好了。"

Wáng Xiǎocái shuō：" Wǒ hěn xiǎng kànkan zhège
王小才说："我很想看看这个

sìbǎi qīshíwǔ kuài qián de ' dàmǔzhǐ '．"
4 7 5 块钱的'大拇指'。"

Wáng Cái hái yào jìxù pīpíng Wáng Xiǎocái，
王才还要继续批评王小才，

Wáng Cái de lǎopo hǎn tāmen chī fàn le． Tā xiān bǎ
王才的老婆喊他们吃饭了。她先把

fàn zuòhǎo le， ránhòu yòu wèi zhū[1]， zuìhòu cái
饭做好了，然后又喂猪[1]，最后才

lái hǎn tāmen chī fàn． Tā hěn shēngqì， tā yí gè
来喊他们吃饭。她很生气，她一个

rén yìbiān mángzhe zuò fàn， yìbiān mángzhe wèi zhū，
人一边忙着做饭，一边忙着喂猪，

kěshì tāmen liǎng gè rén shénme dōu bùguǎn， hái zài
可是他们两个人什么都不管，还在

pángbiān xiā báihuà． Tā shuō：" Nǐmen zài zhèr
旁边瞎白话[2]。她说："你们在这儿

xiā báihuà， yě bù lái bāng wǒ gàn diǎnr huór！"
瞎白话，也不来帮我干点儿活儿！"

1 喂猪: feed pig
2 瞎白话: talk non-sense

Wáng Cái shuō : " Shénme xiā báihua ? Nǐ bù

王才说:"什么瞎白话？你不

dǒng, wǒmen bú shì xiā báihua, wǒmen zài yánjiū

懂，我们不是瞎白话，我们在研究

chénglirén de shēnghuó ne . "

城里人的生活呢。"

Dì-èr tiān, Wáng Cái jiào Wáng Xiǎocái qù xiàng

第二天，王才叫王小才去向

xiàozhǎng jièle yì běn cídiǎn, dànshì cídiǎn li

校长借了一本词典，但是词典里

méiyǒu " xiāngxūn jīngyóu " zhège cí, zhǐyǒu

没有"香薰精油"这个词，只有

xiāngjiāo, xiāngcháng yìxiē chī de dōngxi .

香蕉、香肠一些吃的东西。

Wáng Cái shēngqì de shuō : " Bié niàn le,

王才生气地说:"别念了，

shénme pò cídiǎn a, lián ' xiāngxūn jīngyóu ' dōu

什么破词典啊，连'香薰精油'都

méiyǒu .

没有。"

Wáng Xiǎocái shuō : " Xiàozhǎng shuō, zhè shì

王小才说:"校长说，这是

jīnnián zuì xīn de cídiǎn . "

今年最新的词典。"

Wáng Cái shuō : " Chénglirén guò de shénme rìzi

王才说:"城里人过的什么日子

a, chénglirén guò de rìzi lián cídiǎn shang dōu

啊，城里人过的日子连词典上都

méiyǒu .

没有。"

Wáng Xiǎocái shuō:" Wǒ hǎohāor xuéxí,
王小才说:"我好好儿学习,

yǐhòu shàng zhōngxué, zài shàng dàxué, děng dàxué
以后上中学,再上大学,等大学

bìyè, wǒ jiù jiē nǐmen dào chéng li qù zhù."
毕业,我就接你们到城里去住。"

Wáng Cái shuō:" Nà yào děngdào hóunián-mǎyuè
王才说:"那要等到猴年马月[1]

a!"
啊!"

Wáng Xiǎocái shǔzhe shǒuzhǐ, shuō:" Wǒ
王小才数着手指,说:"我

jīnnián wǔ niánjí le, xiǎoxué bìyè hái yǒu yì nián,
今年五年级了,小学毕业还有一年,

zhōngxué liù nián, dàxué sì nián, yígòng hái yǒu
中学六年,大学四年,一共还有

shíyī nián."
十一年。"

Wáng Cái shuō:" Wǒ hái yào děng shíyī nián a,
王才说:"我还要等十一年啊,

dào nà shíhou,' xiāngxūn jīngyóu' dōu biàn chéng
到那时候,'香薰精油'都变成

' chòuxūn jīngyóu' le."
'臭薰精油'了。"

Wáng Xiǎocái shuō:" Nà wǒ jiù gèng nǔlì de
王小才说:"那我就更努力地

xuéxí, wǒ tiào jí."
学习,我跳级[2]。"

Wáng Cái shuō:" Nǐ tiào jí, nǐ tiào de
王才说:"你跳级,你跳得

1 猴年马月: year of monkey and month of horse, here referring to time that will never come

2 跳级: skip a grade because of excellent school records

qǐlái ma？　Nǐ néng tiào jí，　wǒ yě chàbuduō néng
起来吗？你能 跳级，我也差不多能

shàng dàxué le ．”
上大学了。”

　　　Qíshí，　Wáng Cái duì Wáng Xiǎocái bàoyǒu hěn
其实，王 才对 王 小才 抱有 很

dà de xīwàng，　Wáng Xiǎocái cóng yì　niánjí dào wǔ
大的希望，王 小才从一 年级到五

niánjí，　xuéxí chéngjì yìzhí dōu hěn hǎo．Wáng
年级，学习成绩一直都 很 好。王

Cái yě wèi Wáng Xiǎocái gǎndào jiāo'ào．　Kěshì zhè
才也为 王 小才 感到 骄傲。可是这

běn zhàngběn shang de “xiāngxūn jīngyóu” bǎ Wáng Cái
本账本上 的“香薰精油”把王 才

de xīn gǎoluàn le，　tā kànzhe zhàn zài tā miànqián de
的心搞乱了，他看着站在他面前的

Wáng Xiǎocái，　hūrán juéde，　érzi tài xiǎo le，
王 小才，忽然觉得，儿子太小了，

kàobushàng，　yào kào zìjǐ．　Wáng Cái juédìng bǎ
靠不上，要靠自己。王 才决定把

jiā bān dào chéng li qù，　jiùshì nóngcūnrén jìn chéng
家搬到 城 里去，就是农村人进 城

dǎgōng．　Xiànzài yuèláiyuè duō de nóngcūnrén dào
打工[1]。现在越来越多的农村人到

chéng li dǎgōng．
城 里打工。

　　　Zài nóngcūn，　yìbān dōu shì nánrén yí gè rén
在农村，一般都是男人一个人

xiān jìn chéng，　dào chéng li kàn yi kàn，　shì yi shì，
先进 城，到 城 里看一看，试一试，

yàoshi hùn de búcuò， jiù bǎ lǎopo hé háizi dài
要是混得不错[1]，就把老婆和孩子带

dào chéng li. Yě yǒude rén， hùn de hǎo le， jiù
到 城 里。也有的人，混得好了，就

bù huílái le. Hái yǒude rén zài chéng li yǒule xīn
不回来了。还有的人在 城 里有了新

lǎopo hé háizi. Hùn de bù hǎo de rén， zuìhòu
老婆和孩子。混得不好的人，最后

yòu huí dào nóngcūn.
又回到农村。

Dàn Wáng Cái gēn tāmen bù yíyàng， tā
但王才跟他们不一样，他

bú shì qù chéng li shì yi shì. tā shì yào qù
不是去 城 里试一试，他是要去

chéng li shēnghuó， tā juédìng yào zuò chénglirén.
城 里生活，他决定要做城里人。

Wáng Cái xiǎng bān dào chéng li shēnghuó jiùshì yīnwèi
王 才 想 搬到 城 里生活就是因为

"xiāngxūn jīngyóu" zhè sì gè zì， zhè tīng qǐlái
"香薰精油"这四个字，这听起来

yě tài líqí le. Dànshì Wáng Cái xiǎng：Wǒ
也太离奇[2]了。但是王才想：我

shēnghuó bàn bèizi le，hái bù zhīdào shénme shì
生活半辈子[3]了，还不知道什么是

"xiāngxūn jīngyóu"， wǒ yào dào chéng li qù kàn yi
"香薰精油"，我要到 城 里去看一

kàn "xiāngxūn jīngyóu".
看"香薰精油"。

Wáng Cái de lǎopo fǎnduì Wáng Cái de juédìng，
王 才 的老婆反对王 才 的决定，

1 混得不错: do well
混:muddle along;
drift along

2 离奇: bizarre

3 辈子: lifetime

tā juéde Wáng Cái fāfēng le. Dànshì lǎopo de
她觉得王才发疯[1]了。但是老婆的

huà Wáng Cái shì bù tīng de. Zài nóngcūn, nánrén
话 王 才是不听的。在农村，男人

de juédìng nǚrén shì bù néng gǎibiàn de. Nánrén xiǎng
的决定女人是不能改变的。男人 想

dài lǎopo qù nǎr, lǎopo jiù gēnzhe qù nǎr.
带老婆去哪儿，老婆就跟着去哪儿。

Suǒyǐ Wáng Cái de lǎopo méiyǒu bànfǎ bú jìn chéng,
所以王才的老婆没有办法不进 城，

zhǐhǎo tóngyìle Wáng Cái de juédìng.
只好同意了 王 才的决定。

Wáng Xiǎocái de tàidù ne, tā yě bù tóngyì
　　王 小才的态度呢，他也不同意

jìn chéng, tā xīnli hěn luàn, zuìhòu tā shuō:
进 城，他心里很乱，最后他说：

"Wǒ búyào qù, wǒ búyào qù." kěshì Wáng
"我不要去，我不要去。"可是王

Cái bú huì tīng érzi de yìjiàn, Wáng Xiǎocái shì xiǎo
才不会听儿子的意见，王 小才是小

háir, tā yě zhǐhǎo tīng dàrén de juédìng.
孩儿，他也只好听大人的决定。

Wáng Cái shuō zǒu jiù zǒu, dì-èr tiān tā jiā
　　王 才 说 走就走，第二天他家

de mén shang jiù guàshàngle yì bǎ dà tiěsuǒ, hái
的门 上就挂上了一把大铁锁[2]，还

zài mén shang tiēle yì zhāng zhǐtiáo. Shàngmiàn
在门 上贴了一张纸条。上 面

xiězhe tā jiè biérén de qián, bǐrú, jièguo línjū
写着他借别人的钱，比如，借过邻居

1 发疯: go mad
2 大铁锁: big iron lock

sān kuài qián， wǔ kuài qián děngděng， děng yǐhòu tā
3 块钱、5 块钱等等，等以后他

huílái de shíhou huán gěi dàjiā， érqiě hái jiābèi
回来的时候还给大家，而且还加倍

huán gěi dàjiā。 Ér biérén jiè Wáng Cái de qián yì bǐ
还给大家。而别人借王才的钱一笔

gōuxiāo le， búyòng huán le， sòng gěi tāmen le。
勾销¹了，不用还了，送给他们了。

Wáng Cái tiē zhǐtiáo de shíhou， Wáng Xiǎocái
王 才贴纸条的时候，王 小才

wèn：" Bàba， jiābèi shì shénme yìsi ？"
问："爸爸，加倍是什么意思？"

Wáng Cái shuō：" Jiābèi shì zài huán biérén de qián de
王 才说："加倍是在还别人的钱的

shíhou， chúle huán jiè de qián yǐwài， zài duō huán
时候，除了还借的钱以外，再多还

yìxiē qián。"
一些钱。"

Wáng Xiǎocái wèn：" Dànshì jiābèi huán qián，
王 小才问："但是加倍还 钱，

yào huán duōshao qián ne ？ "
要还 多少钱呢？"

Wáng Cái shuō：" Nǐ bù dǒng， nǐ kànkan
王 才说："你不懂，你看看

chénglirén de zhàngběn， nǐ jiù dǒng le 。"
城里人的账本，你就懂了。"

Chúle yīfu yǐwài， Wáng Cái yì jiā méiyǒu
除了衣服以外，王 才一家没有

dài tài duō de dōngxi， tāmen jiā yě méiyǒu shénme
带太多的东西，他们家也没有什么

1 一笔勾销: cancel totally

dōngxi kěyǐ dài . Tāmen dàishàngle Jiǎng Zìqīng de
东西可以带。他们带上了蒋自清的

zhàngběn , xiànzài Wáng Cái měi tiān dōu yào kàn zhàngběn ,
账本，现在王才每天都要看账本，

érqiě tā kàn de hěn màn , hěn zǐxì . Zhàngběn
而且他看得很慢，很仔细。帐本

li yǒuxiē zì tā bú rènshi , yǒuxiē zì suīrán tā
里有些字他不认识，有些字虽然他

rènshi , dànshì yìsi gǎobudǒng , bǐrú " xiāngxūn
认识，但是意思搞不懂，比如"香薰

jīngyóu ", Wáng Cái dào xiànzài háishi bù zhīdào
精油"，王才到现在还是不知道

" xiāngxūn jīngyóu " shì shénme yìsi .
"香薰精油"是什么意思。

Zài qù chéng li de qìchē shang , Wáng Cái
在去城里的汽车上，王才

kàndào zhàngběn li de yí duàn huà : Xīngqīrì ,
看到账本里的一段话：星期日，

kuài guònián le , jiē shang de rén kàn shàngqù dōu
快过年了，街上的人看上去都

hěn máng , xīnqíng yě hěn yúkuài , liǎn shang dàizhe
很忙，心情也很愉快，脸上带着

xǐqì . Xiàwǔ qù huā niǎo shìchǎng , suīrán
喜气[1]。下午去花鸟市场[2]，虽然

tiānqì hěn lěng , shìchǎng shang háishi yǒu hěn duō rén .
天气很冷，市场上还是有很多人。

Zài huā niǎo shìchǎng , tāmen yì yǎn jiù kàndàole
在花鸟市场，他们一眼就看到了

húdiélán , mài huā de rén yào bābǎi yuán , jīng
蝴蝶兰[3]，卖花的人要800元，经

1 喜气: cheerful, joyful
2 花鸟市场: market for birds and flowers
3 蝴蝶兰: a kind of orchid that is called Butterfly Orchid
蝴蝶: butterfly

讨价还价 [1]，卖花的人要 600 元，就买回来了，毓秀和蒋小冬都喜欢。

蝴蝶兰放在客厅的茶桌上，好像几只蝴蝶在飞，在跳舞，使我们的家变得漂亮起来。

后来王才在汽车上睡着了，他做了一个梦，梦见一只蝴蝶对他说："王才，王才，你快起来。"王才急了，说："蝴蝶不会说话，蝴蝶不会说话，你不是蝴蝶。"蝴蝶笑起来，王才被吓醒了。醒来以后他的心乱跳，最后他问王小才："你说蝴蝶会说话吗？"

王小才想了想，说："不知道，我没有听过蝴蝶说话。"

1 讨价还价: to bargain

这时候，他们坐的汽车已经到了一个小火车站，在这里他们要买火车票，然后坐火车往南，往东，再往南，再往东，去一个很远的南方城市。王才从来没到过城市，也搞不清楚哪是南边。现在他有蒋自清的账本，如果不知道怎么办，他就翻开账本看看。在蒋自清的账本上，不仅写着年、月、日，还写着他们的城市。

小火车站的火车都是慢车，等火车的时候，王才又看起了账本，他想看看这个记账的人有没有关于火车的内容，但是翻来翻去也没有看到。最后王才想到，真笨[1]，

1 真笨: foolish

chénglirén zuò huǒchē gàn shénme? Xiāngxiarén cái yào
城里人坐火车干什么？乡下人才要
zuò huǒchē jìn chéng.
坐火车进城。

Sān
三

Shēnghuó zài chéng li de Jiǎng Zìqīng wèile zhǎo
生活在城里的蒋自清为了找
zhàngběn yě qùle yí tàng Gānsù. Tā hé Wáng Cái
账本也去了一趟甘肃。他和王才
yì jiā zǒu de shì xiāngfǎn¹ de lù. Wáng Cái de jiā
一家走的是相反¹的路。王才的家
zhù zài nóngcūn, lí dà chéngshì yuǎn, yào xiān zuò
住在农村，离大城市远，要先坐
mǎchē, lúchē shénme de, zài zuò qìchē, zài
马车、驴车²什么的，再坐汽车，再
huàn huǒchē, zuìhòu cái néng láidào chéngshì. Ér
换火车，最后才能来到城市。而
Jiǎng Zìqīng zhù zài chéng li, yào xiān zuò huǒchē, zài
蒋自清住在城里，要先坐火车，再
zuò qìchē, zài zuò mǎchē, lúchē shénme de cái
坐汽车，再坐马车、驴车什么的才
néng dào pínkùn dìqū. Zuìhòu tā zài Gānsù Shěng
能到贫困地区。最后他在甘肃省
de xībù zhǎodàole Xiǎowáng Zhuāng, yě zhǎodàole
的西部找到了小王庄，也找到了
Xiǎowáng Zhuāng de xiǎoxué, zhīdàole tā de zhàngběn
小王庄的小学，知道了他的账本

1 相反: opposite, contrary
2 驴车: donkey cart

què shí shì sòng dàole Xiǎowáng Zhuāng Xiǎoxué , yí gè
确实是送到了小王 庄 小学，一个

jiào Wáng Xiǎocái de xuéshēng nádàole tā de zhàngběn.
叫王小才的学生拿到了他的账本。

Jiǎng Zìqīng zhè yí tàng lǚxíng suīrán zǒu de
蒋自清这一趟旅行虽然走得

hěn yuǎn , dànshì tǐng yǒu yìyì , tā kàndàole hěn
很远，但是挺有意义，他看到了很

duō dōngxi , liǎojiěle hěn duō nóngcūn de qíngkuàng.
多东西，了解了很多农村的情况。

Kěshì tā lái wǎn le , Wáng Xiǎocái de fùqīn dàizhe
可是他来晚了，王小才的父亲带着

tāmen quán jiā jìn chéng le . Wáng Cái zài qìchē shang ,
他们全家进城了。王才在汽车上、

huǒchē shang dōu zài kàn Jiǎng Zìqīng de zhàngběn. Ér
火车上都在看蒋自清的账本。而

Jiǎng Zìqīng ne , zài qìchē shang , huǒchē shang dōu
蒋自清呢，在汽车上、火车上都

zài sīkǎozhe zěnyàng xiě zhàngběn.
在思考着怎样写账本。

Yì tiān wǎnshang , Jiǎng Zìqīng zhù zài xiǎo lǚguǎn
一天晚上，蒋自清住在小旅馆

li , zài bú tài liàng de dēngguāng xià , xiěxiàle
里，在不太亮的灯光下，写下了

yǐxià de nèiróng :
以下的内容：

Zài Gānsù , nóngcūn fēicháng níngjìng , kāikuò
在甘肃，农村非常宁静[1]、开阔[2]。

Zài zhèlǐ kěyǐ líkāi xuānnào de chéngshì , wǒ
在这里可以离开喧闹[3]的城市，我

---

1 宁静: peaceful, quiet, calm

2 开阔: vast

3 喧闹: noisy

jìngjìng de xiǎngshòu zhèlǐ de níngjìng . Wǒ láidào
静静地享受这里的宁静。我来到

Xiǎowáng Zhuāng Xiǎoxué de shíhou ， xiàozhǎng bú
小王庄 小学的时候，校长不

zài . Xuéxiào de fángzi hěn pòjiù , tīngshuō
在。学校的房子很破旧[1]，听说

qùnián xiūle xuéxiào de fángzi , kěshì xuéxiào
去年修了学校的房子，可是学校

méiyǒu qián ， xiūfángzi de rén zǒngshì zhǎo xiàozhǎng
没有钱，修房子的人总是找校长

yào qián ， xiàozhǎng yě méi bànfǎ . Zhōngwǔ de
要钱，校长也没办法。中午的

shíhou ， xiàozhǎng huílái le ， xiàozhe duì wǒ
时候，校长回来了，笑着对我

shuō：“ Duìbuqǐ ， Jiǎng tóngzhì ， ràng nǐ jiǔ děng
说：“对不起，蒋同志，让你久等

le .” Tā shuōhuà de shíhou hěn píngjìng . Wǒ shuō：
了。”他说话的时候很平静。我说：

“ Xiàozhǎng ， tīngshuō nǐmen xiūle xuéxiào ， nábuchū
“校长，听说你们修了学校，拿不出

qián .” Xiàozhǎng shuō：“ Shì de ， běnlái wǒmen
钱。”校长说：“是的，本来我们

hái yǒu yìdiǎn qián bàn jiàoyù , xuéxiào hái néng jiānchí
还有一点钱办教育，学校还能坚持

bàn xiàqù . Xiànzài bàn jiàoyù de qián méiyǒu le .
办下去。现在办教育的钱 没有了，

xuéxiào kuài yào jiānchí bú xiàqù le .” Wǒ shuō：
学校快要坚持不下去了。”我说：

“ Nà zěnme bàn ne ? ” Xiàozhǎng shuō：“ Bùguǎn yùdào
“那怎么办呢？”校长说：“不管遇到

1 破旧: old and shabby; dilapidated

什么困难，学校总是要办的，学生
总是要上学的，学校不会关门的，
还是要坚持下去的。蒋同志你说对
不对？"这里农村的贫困和平静，在
现代的大城市里是看不见的。

今天的开支：旅馆住宿费[1] 3元；
驴车费5元；早饭2角，玉米饼[2]两
块，吃了一块，另一块送给别人了；
晚饭5角，面条一碗；午饭5角
（校长说不要付钱，他请客，我还是
坚持付了，想多付一点儿，校长
不收），和小学生一起吃白米饭加
青菜，还有青菜汤。王小才平时也
在这里吃，今天他走了，不知道今天
中午他在哪里吃，吃的什么。

1 住宿费: accommo-
dation fee
2 玉米饼: pancake
made with maize

蒋自清最后在王小才家的门上，看到了王才贴的那张纸条，字写得不好看，蒋自清以为是王小才写的，不知道这张纸条是王小才的爸写的。看到"一笔勾消"这四个字，他的心情忽然愉快起来，好像身体的病和精神上的病都好了。蒋自清最后还是没有找回账本，但是他的心情却在这趟艰难的旅行中慢慢地好起来了，对账本也不像以前那么着急了。他把工作的事办完以后，放放心心地到西安旅游了一趟，看了兵马俑和黄帝陵[1]。

1 兵马俑和黄帝陵:
Terracotta Warriors and Horses and the Tomb of Yellow Emperor

Sì
四

Jiǎng Zìqīng cóng xībù de Gānsù Shěng huílái
蒋 自 清 从 西 部 的 甘 肃 省 回 来

yǐhòu, kàndào tā jiā línjū de chēkù li
以 后，看 到 他 家 邻 居 的 车 库[1] 里

zhùjìnle yì jiā wài lái de nóngmín. Zài Jiǎng Zìqīng
住 进 了 一 家 外 来 的 农 民。在 蒋 自 清

zhù de zhège xiǎoqū, jiājiā dōu yǒu chēkù.
住 的 这 个 小 区[2]，家 家 都 有 车 库。

Yǒuxiē rén méiyǒu mǎi chē, suǒyǐ chēkù jiù kòng
有 些 人 没 有 买 车，所 以 车 库 就 空

chūlái le. Yǒude rén jiù bǎ chēkù zū gěi wài lái de
出 来 了。有 的 人 就 把 车 库 租 给 外 来 的

rén zhù. Yīnwèi piányi, hěn duō nóngmíngōng jiù zū
人 住。因 为 便 宜，很 多 农 民 工 就 租

chēkù zhù.
车 库 住。

Jiǎng Zìqīng méiyǒu xiǎngdào, yě bù kěnéng
蒋 自 清 没 有 想 到，也 不 可 能

zhīdào, zhè jiā xīnlái de nóngmíngōng jiùshì Wáng
知 道，这 家 新 来 的 农 民 工 就 是 王

Cái yì jiā. Wáng Cái de gōngzuò shì shōu fèipǐn,
才 一 家。王 才 的 工 作 是 收 废 品[3]，

suǒyǐ tā hé xiǎoqū li de rén hěn kuài jiù rènshi
所 以 他 和 小 区 里 的 人 很 快 就 认 识

le. Tiānqì mànmān de rè le, yǒu yì tiān Jiǎng
了。天 气 慢 慢 地 热 了，有 一 天 蒋

Zìqīng jīngguò chēkù ménkǒu, kàndào Wáng Cái hé tā
自 清 经 过 车 库 门 口，看 到 王 才 和 他

1 车库: garage

2 小区: residential district

3 收废品: collecting wastes

的老婆在太阳底下收拾拣来的废品，

他们满脸是汗，身上的衣服都湿透

了。晚上的时候，蒋自清又经过

这里，他看到车库里摆满了收来的

废品，车库里不透风，很热，住在

这里肯定很不舒服。蒋自清忍不住

地问："师傅，车库里没有窗户，

晚上热吧？"

王才说："不热的。"他伸手

拉了一下吊扇¹的绳子²，吊扇就

转起来了。

王才说："你知道吊扇是多少

钱买的？"蒋自清说不出来。

王才笑了，说："告诉你吧，这

吊扇是捡来的。还是城里好，电扇

1 吊扇: ceiling fan
2 绳子: cord

dōu　kěyǐ　jiǎn．"　Jiǎng Zìqīng xiǎng shuō shénme，
都可以捡。"蒋自清想说什么，

kěshì méiyǒu shuō chūlái．
可是没有说出来。

Wáng Cái yòu shuō："Chéng li zhēnshi hǎo a，
王才又说："城里真是好啊，

yàoshi wǒmen bú dào chéng li lái，　nǎlǐ zhīdào chéng
要是我们不到城里来，哪里知道城

li yǒu zhème hǎo a，　càishìchǎng li yǒu hǎo duō qīngcài
里有这么好啊，菜市场里有好多青菜

kěyǐ jiǎn，　dōu búyòng qián mǎi．"
可以捡，都不用钱买。"

Wáng Cái de lǎopo bú ài shuōhuà．　Zhè shíhou
王才的老婆不爱说话。这时候

tā hūrán shuō："Wǒ hái jiǎndào yì tiáo yú，　shì huó
她忽然说："我还捡到一条鱼，是活

de，　hěn xīnxiān，　jiùshì xiǎo le diǎnr．"
的，很新鲜，就是小了点儿。"

Jiǎng Zìqīng shuō："　Kěshì zài nóngcūn nǐmen
蒋自清说："可是在农村你们

kěyǐ chī zìjǐ zhòng de qīngcài，　duō hǎo！"
可以吃自己种的青菜，多好！"

Wáng Cái shuō："Wǒmen nà dìfang，　dì bù hǎo，
王才说："我们那地方，地不好，

méiyǒu shuǐ，　zhòngbuchū liángshi，　qīngcài yě zhǎng bu
没有水，种不出粮食，青菜也长不

chūlái．　Jiùshì yǒu qīngcài，　yě méiqián mǎi yóu，
出来。就是有青菜，也没钱买油，

méiyǒu yóu zuò de cài bù hǎochī．"
没有油做的菜不好吃。"

Jiǎng Zìqīng tīng tāmen shuōhuà, tīngchūle
蒋自清听他们说话，听出了

tāmen shì xībù rén, dànshì tā méiyǒu wèn tāmen
他们是西部人，但是他没有问他们

shì nǎlǐ rén. Tā zhǐshì zài xiǎng, yǐqián
是哪里人。他只是在想，以前

rénmen dōu shuō, jīn wō yín wō, bùrú zìjiā de
人们都说，金窝银窝，不如自家的

gǒuwō. Dànshì xiànzài de rén bú zhème xiǎng le,
狗窝[1]。但是现在的人不这么想了，

xiànzài líkāi xiāngxia de rén yuèláiyuè duō le.
现在离开乡下的人越来越多了。

Wáng Cái hé Jiǎng Zìqīng shuōhuà de shíhou, shì
王才和蒋自清说话的时候，是

shuō de pǔtōnghuà, suīrán Wáng Cái pǔtōnghuà shuō
说的普通话[2]，虽然王才普通话说

de bù hǎo, dànshì kěyǐ tīngdǒng dàgài de yìsi.
得不好，但是可以听懂大概的意思。

Yàoshi tāmen shuō zìjǐ de jiāxiānghuà, Jiǎng Zìqīng
要是他们说自己的家乡话[3]，蒋自清

shì tīngbudǒng de. Tāmen zìjǐ shuōhuà shí dōu shì
是听不懂的。他们自己说话时都是

yòng jiāxiānghuà.
用家乡话。

Dào chéng li yǐhòu, Wáng Xiǎocái shàngle
到城里以后，王小才上了

mínggōng zǐdì xuéxiào. Wáng Xiǎocái cóng xuéxiào
民工子弟学校[4]。王小才从学校

huílái le, Wáng Cái wèn Wáng Xiǎocái: "Wǒ jiào nǐ
回来了，王才问王小才："我叫你

1 金窝银窝，不如自家的狗窝: One's own home is better than others' wealthy home.
2 普通话: Mandarin
3 家乡话: dialect
4 民工子弟学校: school for the children of the workers from the countryside

dào xuéxiào chá cídiǎn nǐ chále méiyǒu ？ ”
到 学校 查 词典 你 查了 没有？ ”

　　Wáng Xiǎocái shuō：“ Wǒ chá le ． Xuéxiào de
　　王 小才 说:“我 查了。学校的

dà cídiǎn yǒu zhème dà ． wǒ dōu nábudòng ．”
大 词典 有 这么 大，我 都 拿不动。”

　　Wáng Cái wèn：“ Nàme húdiélán shì shénme ne ？ ”
　　王 才 问:“那么 蝴蝶兰 是 什么 呢? ”

　　Wáng Xiǎocái huídá shuō：“ Húdiélán shì yì
　　王 小才 回答 说:“蝴蝶兰 是 一

zhǒng huā ．”
种 花。”

　　Wáng Cái shuō：“ Yì duǒ huā yě néng mài
　　王 才 说:“一 朵[1] 花 也 能 卖

liùbǎi kuài qián， chéng li háishi bǐ xiāngxia hǎo a ．”
600块 钱， 城 里 还是 比 乡下 好 啊。”

　　Jiǎng Zìqīng zhàn zài pángbiān， méiyǒu tīngdǒng
　　蒋 自清 站 在 旁边， 没有 听懂

Wáng Cái hé Wáng Xiǎocái shuō de zhèxiē huà， dàn tā
王 才 和 王 小才 说 的 这些 话， 但 他

tīngchūle tāmen duì chéng li de shēnghuó hěn mǎnyì．
听出了 他们 对 城 里 的 生活 很 满意。

Tāmen hái shuōdàole tā de zhàngběn， tāmen gǎnxiè
他们 还 说到了 他 的 账本， 他们 感谢

zhàngběn gǎibiànle tāmen de shēnghuó， ràng tāmen cóng
账本 改变了 他们 的 生活， 让 他们 从

pínqióng de xiāngxia láidào zhème hǎo de chéngshì． Jiǎng
贫穷 的 乡下 来到 这么 好 的 城市。 蒋

Zìqīng shénme dōu méi tīngdǒng， tā yě bù zhīdào，
自清 什么 都 没 听懂， 他 也 不 知道，

1 朵: (classifier) for flowers

王才晚上有空儿的时候看他的账本，而且王才不仅看蒋自清的账本，现在王才自己也有了记账的习惯。王才记道："收旧书３５斤，每斤支出５角，卖到废品站，每斤９角，一出一进，还剩４角，３５斤，就等于14元。还是城里比乡下好。这些旧书是住在楼上那个戴眼镜的人卖的，听说他家的书很多，家里都放不下了，肯定还会再卖书。我要跟他搞好关系。"王才说的戴眼镜的人就是蒋自清。

一个星期天，王小才跟着王才上街，他们经过一家美容院，在美容院的窗户里，王才和王小才

kàndào le "xiāngxūn jīngyóu" sì gè zì, Wáng
看到了"香薰精油"四个字，王

Xiǎocái gāoxìng de hǎnle qǐlái: "Āi hēi, āi
小才高兴地喊了起来："哎嘿，哎

hēi, zhège piányi ai, zhè píng dà de "xiāngxūn
嘿，这个便宜哎，这瓶大的"香薰

jīngyóu" sìbǎi líng qī kuài qián."
精油"４０７块钱。"

Wáng Cái shuō: "Nǐ dǒng shénme, páizi
王才说："你懂什么，牌子[1]

bù yíyàng, jiàgé yě bù yíyàng, zhè zhǒng
不一样，价格也不一样，这种

dōngxi, zhǐ huì yuèláiyuè guì."
东西，只会越来越贵。"

Wáng Cái yì jiā jìn chéng shēnghuó le. Tāmen
王才一家进城生活了。他们

juéde chéng li de shēnghuó yǒuyìsi, ér shēnghuó
觉得城里的生活有意思，而生活

zài chéng li de rén rènwéi xiāngxia de shēnghuó níngjìng.
在城里的人认为乡下的生活宁静。

Chénglirén hé xiāngxiarén xiǎng de, zuò de dōu bù
城里人和乡下人想的、做的都不

yíyàng. Zài chéngshì de xiàndài shēnghuó zhōng,
一样。在城市的现代生活中，

chénglirén yuèláiyuè gǎn shímáo, ér xiāngxiarén
城里人越来越赶时髦[2]，而乡下人

hěn xīwàng guòshàng chéngshì shēnghuó, juéde chéngshì
很希望过上城市生活，觉得城市

li shénme dōu hǎo. Jiǎng Zìqīng de zhàngběn hé
里什么都好。蒋自清的账本和

1 牌子: brand
2 赶时髦: follow the fad; keep up with the fashion

Wáng Cái yì jiā de shēnghuó jiù hǎoxiàng shì yí bù
王才一家的生活就好像是一部

jiǎnshǐ, xiěchūle chénglǐrén, xiāngxiàrén de
简史，写出了城里人、乡下人的

shēnghuó biànhuà.
生活变化。

This story is a simplified version of Fan Xiaoqing's short story 城乡简史 (*Brief History of City and Countryside*), which was published on 山花 (Shān Huā, *Mountain Flowers*), No.1, 2006. 城乡简史 won the Fourth Lu Xun Literature Award (第四届鲁迅文学奖).

About the author, Fan Xiaoqing (范小青)

Fan Xiaoqing is one of the China's most celebrated writers today. She is a member of the China Writers' Association and the vice chairperson of the Writers' Association of Jiangsu Province. She was born in Shanghai in 1955. After graduating from high school, she went to the countryside in 1974 as a member of the Young Intellectuals during the Cultural Revolution. In 1982, she graduated from the Chinese Department of Suzhou University. She began to publish her works in 1980 and has published eleven novels, including 老岸 (Lǎo Àn, *Old Bank*); and collections of novellas and short stories 在那片土地上 (Zài Nà Piàn Tǔdì Shang, *On That Land*), 还俗 (Háisú, *Resuming Secular Life*), and 范小青文集 (Fàn Xiǎoqīng Wénjí, *Collected Works of Fan Xiaoqing*). She was the playwright for about one hundred episodes in the TV series 新江山美人 (Xīn Jiāngshān Měirén, *Beauty of New Land*) and 干部 (Gànbù, *Cadre*), which won Feitian Literary Awards (飞天文学奖), and has also won other awards including the Second Literature Award of Jiangsu Province and the Zijinshan Literature Award (紫金山文学奖). Some of her works have been translated into English and Japanese.

思考题：

1. 蒋自清为什么要卖书？
2. 蒋自清为什么喜欢记账？
3. 蒋自清是怎么记账的？从他的账本可以看出他的生活有哪些变化？
4. 王才是怎么得到账本的？
5. 王才为什么对账本感兴趣？他为什么把家搬到大城市去？
6. 你是怎么看王才进城的决定的？
7. 王才在大城市的生活怎样？
8. 你是怎么看"香薰精油"这种时髦东西的？
9. 你是怎么看城市的现代生活和农村的宁静生活的？

六、故乡¹的雨

Liù、 Gùxiāng De Yǔ

原著：程 树榛

Yuánzhù：Chéng Shùzhēn

1 故乡: hometown

六、故乡的雨

Guide to reading:

This story is written by the noted contemporary writer Cheng Shuzhen (程树榛). In the story, Li Li (李力), an overseas Chinese, wants to invest in the construction of a grand hotel in his hometown. However, when Li Li returns to the one hundred-year-old village where he grew up, he sees that the condition of the primary school is still poor and there is no highway to the village. He finds that there is little change in the village compared to the town where high buildings and grand hotels erected. With this sharp contrast, he decides to put his investment into building a road and renovating the village school. In the story we can see the imbalanced development between the rural areas and the cities in China nowadays. Li Li's investment in his poor hometown can also be considered to reflect the deep feelings of the overseas Chinese for their motherland.

故事正文：

在一个夏天的晚上，我突然
接到一封电报[1]。电报是我哥哥的
儿子瑞山 从农村老家发来的。电报
上说：有重要事情，请马上回
老家。我感到很奇怪，电报是二三十
年以前，电话不方便的时候人们才
用的。现在电话、电子邮件[2]这么
方便，瑞山 为什么不给我打电话
呢？

我只有一个哥哥。我哥哥只有
一个儿子，叫瑞山。瑞山 这孩子
很聪明，学习成绩非常好，大学
毕业以后，就在老家的县城[3]工作
了。他工作很努力。不久以前，他

1 电报: telegram
2 电子邮件: email
3 县城: the county town

当上了县里的规划局局长[1]，经常
受到领导的表扬。他自己感到很
自豪，我也感到很高兴。我不明白他
为什么突然给我发电报。我给他家里
打电话，他不在家，问他妻子，他
妻子也说不清楚。他妻子说，最近
他非常忙，经常不回家。

　　我妻子看见我有些着急，就对
我说："瑞山的父亲母亲都死了，
你老家就剩这么一个亲戚了。你
是他的叔叔[2]，住在北京，离得
远，瑞山很少找你办事，他突然
来电报，一定是遇到什么困难了，
你就回老家看看吧！"我觉得妻子
说得对，就决定回老家。

1 规划局局长: Director of Planning Bureau
2 叔叔: uncle, father's younger brother

Wǒ mǎihǎole huǒchēpiào, yě gěi tā fāle
我买好了火车票，也给他发了
diànbào, ràng tā lái chēzhàn jiē wǒ. Ránhòu wǒ jiù
电报，让他来车站接我。然后我就
shàngle huǒchē. Dì-èr tiān zǎoshang, dāng tàiyáng
上了火车。第二天早上，当太阳
chūlái de shíhou, huǒchē dào zhàn le. Wǒ tízhe
出来的时候，火车到站了。我提着
lǚxíngbāo, zǒuchū huǒchē de chēxiāng. Méi xiǎngdào,
旅行包，走出火车的车厢。没想到，
Ruìshān zǎo jiù zài zhàntái shang děng wǒ le. Tā yí
瑞山早就在站台上等我了。他一
kànjiàn wǒ, jiù mǎshàng zǒu guòlái, jiēguò wǒ de
看见我，就马上走过来，接过我的
lǚxíngbāo, fúzhe wǒ zǒuchū chēzhàn. Zài chēzhàn
旅行包，扶着我走出车站。在车站
ménkǒu tíngzhe yí liàng "Bēnchí". Wǒ zhèng xiǎng
门口停着一辆"奔驰"[1]。我正想
shuō shénme, Ruìshān hěn kuài de bǎ chēmén dǎkāi,
说什么，瑞山很快地把车门打开，
ràng wǒ zuò jìnqù, tā yě zuò jìnqù, ránhòu xiàng
让我坐进去，他也坐进去，然后向
sījī yì bǎi shǒu, qìchē jiù kāizǒu le.
司机一摆手，汽车就开走了。

Wǒ zuò zài chē shang, wèn tā: "Zhè shì nǐ yòng
我坐在车上，问他："这是你用
de qìchē ma?" Tā xiàozhe diǎndian tóu.
的汽车吗？"他笑着点点头。

Wǒ yòu wèn: "Nǐ xiànzài kěyǐ yòng zhème guì
我又问："你现在可以用这么贵

1 奔驰: Mercedes-Benz

de qìchē ma ? "
的汽车吗？"

　　Tā shuō : " Zánmen zhèr , méi rén guǎn .
　　他说："咱们这儿，没人管。
Zěnme bù kěyǐ ne ! "
怎么不可以呢！"

　　Wǒ bù zhīdào gāi shuō shénme le . Wǒ zài xiǎng :
　　我不知道该说什么了。我在想：
Shì ya , xiànzài hǎo duō shìqing dōu méi rén guǎn .
是呀，现在好多事情都没人管。
Ruìshān cái gōngzuò jǐ nián a , jiù yòng zhème guì de
瑞山才工作几年啊，就用这么贵的
gōngchē . Wǒ rènwéi tā zuò de búduì , kěshì wǒ
公车 ¹。我认为他做得不对，可是我
shuō tā zuò de búduì , tā yídìng bú huì tīng wǒ de .
说他做得不对，他一定不会听我的。
　　Guòle yíhuìr , wǒ wèn tā : " Nǐ yào wǒ huílái
　　过了一会儿，我问他："你要我回来
zuò shénme ? Nǐ zhǐ gěi wǒ fāle diànbào , méi gēn
做什么？你只给我发了电报，没跟
wǒ shuō qīngchu . "
我说清楚。"

　　Tā shuō : " Děng huídào bīnguǎn zài gàosu nín . "
　　他说："等回到宾馆再告诉您。"

　　Wǒ gǎndào qíguài , wèn tā : " Wèi shénme dào
　　我感到奇怪，问他："为什么到
bīnguǎn , bú shì dào nǐ jiā li qù ma ? "
宾馆，不是到你家里去吗？"

　　Tā xiàozhe shuō : " Zhù bīnguǎn shūfu xiē . " Wǒ
　　他笑着说："住宾馆舒服些。"我

1 公车: car used for official business

gāng yào shuō búyòng qù zhù bīnguǎn ,   tā jímáng shuō :
刚 要 说 不用去住宾馆，他急忙说：

" Bīnguǎn yǐjīng ānpái hǎo le ,   nín bié guǎn le ! "
"宾馆已经安排好了，您别管了！"

Wǒmen zài chē shang shuōzhe huà ,   zhè shíhou
我们在车上 说着话，这时候

qìchē   yǐjīng tíng zài bīnguǎn pángbiān . Xià chē yí
汽车已经停在宾馆旁边。下车一

kàn ,   wǒ dà chī yì jīng ,   yí zuò hóngsè bīnguǎn ,
看，我大吃一惊¹，一座红色宾馆，

hǎo háohuá   de bīnguǎn ya ! Bīnguǎn mén qián yǒu
好豪华²的宾馆呀！宾馆门前有

pēnshuǐchí ,   pēnshuǐchí pángbiān shì yí piàn lǜsè
喷水池³，喷水池旁边是一片绿色

de cǎodì . Cǎodì shang ,   bǎifàngzhe piàoliang de
的草地。草地上，摆放着漂亮的

huā . Tíngchēchǎng shang tíngzhe yí liàngliàng de háohuá
花。停车场 上 停着一辆辆的豪华

xiǎo qìchē . Wǒ zài běijīng yě hěn shǎo kànjiàn zhè
小汽车。我在北京也很少看见这

yíqiè . Zhēn xiǎngbudào ,   zhè zuò xiǎoxiànchéng ,   huì
一切。真想不到，这座小县城，会

jiànshè zhèyàng háohuá de bīnguǎn . Kànlái ,   gùxiāng
建设这样豪华的宾馆。看来，故乡

de biànhuà zhēnshi tài dà le .
的变化真是太大了。

Wǒ zhèngzài yìbiān xiǎng ,   yìbiān kàn ,   Ruìshān
我正在一边想，一边看，瑞山

fúzhe wǒ zǒujìnle bīnguǎn . Bīnguǎn lǐbiān yě hěn
扶着我走进了宾馆。宾馆里边也很

1 大吃一惊: get surprised
2 豪华: luxury
3 喷水池: artificial fountain

háohuá. Wǒ xiǎng zǐxì kànkan zhè zuò háohuá de
豪华。我想仔细看看这座豪华的

bīnguǎn, Ruìshān bǎ wǒ tuījìn diàntī. Dàole zuì
宾馆，瑞山把我推进电梯[1]。到了最

shàngmiàn yì céng, wǒmen zǒuchū diàntī, yìzhí
上面一层，我们走出电梯，一直

zǒu dào zuì lǐbian de yí gè fángjiān. Tā yì bǎi shǒu,
走到最里边的一个房间。他一摆手，

mǎshàng láile yí wèi piàoliang de xiǎojiě, xiǎojiě
马上来了一位漂亮的小姐，小姐

shuōle yì shēng "Qǐng", dǎkāile fángmén.
说了一声"请"，打开了房门。

Zhè shì yì jiān dà fángjiān, zǒu jìnqù yí
这是一间大房间，走进去一

kàn, lǐbian shì wòshì, wòshì li fàngzhe yì zhāng
看，里边是卧室，卧室里放着一张

hěn dà de shuāngrénchuáng, chuáng hěn piàoliang,
很大的双人床，床很漂亮，

chuángdān hé chuānglián dōu hěn piàoliang. Cóng chuānghu
床单和窗帘都很漂亮。从窗户

tòu jìnlái de guāng, ràng rén gǎndào fángjiān fēicháng
透进来的光，让人感到房间非常

shūfu. Wàibian de fángjiān shì kètīng. Kètīng li
舒服。外边的房间是客厅。客厅里

yǒu Yìdàlì shāfā, piàoliang de chájǐ, dà
有意大利[2]沙发，漂亮的茶几，大

diànshì děngděng. Kètīng li hái yǒu yì zhāng dà
电视等等。客厅里还有一张大

zhuōzi, kètīng yòu xiàng gè bàngōngshì. Ruìshān
桌子，客厅又像个办公室。瑞山

1 电梯: elevator
2 意大利: Italy

kànjiàn wǒ bù shuōhuà， duì wǒ shuō：" Shūshu， zhè
看见我不说话，对我说："叔叔，这

fángjiān zěnmeyàng， mǎnyì ba？"
房间 怎么样，满意吧？"

　　Wǒ huíguò tóu lái wèn tā：" Nǐ wèi shénme ràng
　　我回过头来问他："你为什么让

wǒ zhù zhèyàng gāojí de fángjiān？ Tài guì le！"
我住 这样高级的房间？太贵了！"

　　Ruìshān yì tīng， xiào le："Wǒ wèile gōngzuò
　　瑞山一听，笑了："我为了工作

qǐng nín huílái， fàngxīn ba， wǒ lái ānpái， wǒ
请您回来，放心吧，我来安排，我

fùzé 。"
负责。"

　　Wǒ juéde yǒuxiē qíguài， wèn tā：" Nǐ zhè
　　我觉得有些奇怪，问他："你这

cì ràng wǒ huí lǎojiā zuò shénme？"
次让我回老家做什么？"

　　Tā chángcháng de tànle kǒu qì， shuō：
　　他长长地叹了口气，说：

" Méiyǒu zhòngyào de shì， wǒ búhuì bǎ nín qǐng
"没有重要的事，我不会把您请

huílái 。 Wǒ xiànzài yùdàole yí jiàn máfan shì， yǒu
回来。我现在遇到了一件麻烦事，有

nín lái cái néng jiějué 。"
您来才能解决。"

　　Wǒ mǎshàng wèn：" Zěnme le？ Kuài shuō！"
　　我马上问："怎么了？快说！"

　　Tā xiān zuòle xiàlái， cóng kǒudai li náchū
　　他先坐了下来，从口袋里拿出

yì bāo gāojí xiāngyān , gěile wǒ yì zhī yān . Wǒ
一包高级香烟[1]，给了我一支烟。我

xīnli xiǎng , tā xiànzài chōu zhème gāojí de yān ,
心里想，他现在抽这么高级的烟，

kànlái tā de biànhuà bù xiǎo a . Wǒ xiàng tā biǎoshì
看来他的变化不小啊。我向他表示

bù chōu yān , tā jiù zìjǐ chōule qǐlái , mànmān
不抽烟，他就自己抽了起来，慢慢

de kāishǐ jiǎnghuà .
地开始讲话。

Ruìshān gàosu wǒ , wǒ xiǎo shíhou de péngyou
瑞山告诉我，我小时候的朋友

Lǐ Lì cóng guówài huílái le . Tā zhè cì huílái
李力从国外回来了。他这次回来

shì xiǎng zài lǎojiā tóuzī . Dànshì Lǐ Lì hǎoxiàng
是想在老家投资[2]。但是李力好像

gǎibiànle zhǔyi . Suǒyǐ Ruìshān bǎ wǒ cóng Běijīng
改变了主意。所以瑞山把我从北京

zhǎolái le , xiǎng lìyòng wǒ hé Lǐ Lì de guānxì ,
找来了，想利用我和李力的关系，

ràng Lǐ Lì zài lǎojiā tóuzī . Tándào Lǐ Lì , wǒ
让李力在老家投资。谈到李力，我

kāishǐ huíyì wǒ hé Lǐ Lì xiǎoshíhou de yìxiē
开始回忆我和李力小时候的一些

shìqing .
事情。

Wǒmen lǎojiā de cūnzi yǒu yìbǎi duō nián de
我们老家的村子有一百多年的

lìshǐ le , wǒmen dōu jiào tā Bǎinián Lǎocūn . Zài
历史了，我们都叫它百年老村。在

1 高级香烟: high-grade cigarette

2 投资: to invest

wǒmen cūnzi li hěn duō rén dōu xìng Qín . Chúle
我们村子里很多人都姓秦。除了

wǒmen xìng Qín de yǐwài , hái yǒu yì jiā rén xìng Lǐ ,
我们姓秦的以外，还有一家人姓李，

tāmen hé wǒmen jiā de guānxì fēicháng hǎo . Yìbǎi
他们和我们家的关系非常好。一百

nián lái , liǎng jiā rén yǒuzhe hěn shēn de jiāoqíng . Zài
年来，两家人有着很深的交情。在

kàng Rì zhànzhēng shíqī , yǒu yí cì Rìběn guǐzi
抗日战争 [1] 时期，有一次日本鬼子 [2]

tūrán láidào cūnzi li . Lǐ Lì de fùqīn bèi
突然来到村子里。李力的父亲被

Rìběnrén yòng qiāng dǎshāng le , ránhòu Rìběnrén
日本人用枪打伤了 [3]，然后日本人

jiù xiàng tā pǎo guòlái . Wǒ fùqīn hé Lǐ Lì de
就向他跑过来。我父亲和李力的

fùqīn zài yìqǐ . Jiù zài zhè zuì wēixiǎn de shíhou ,
父亲在一起。就在这最危险的时候，

wǒ fùqīn búpà wēixiǎn , bāngzhù Lǐ Lì de fùqīn
我父亲不怕危险，帮助李力的父亲

pǎo dào fùjìn de tiányě li . Rìběnrén méiyǒu
跑到附近的田野里。日本人没有

fāxiàn tāmen , tāmen huó xiàlái le . Hòulái , wǒ
发现他们，他们活下来了。后来，我

fùqīn hé Lǐ Lì fùqīn jiù chéngle hěn hǎo de péngyou .
父亲和李力父亲就成了很好的朋友。

Tāmen dōu yǒule zìjǐ de érzi . Wǒ fùqīn jiào wǒ
他们都有了自己的儿子。我父亲叫我

Qín Lì , tā fùqīn jiào tā Lǐ Lì . Wǒmen liǎng gè
秦力，他父亲叫他李力。我们两个

1 抗日战争: War of
Resistance Against
Japan (1937-1945)
2 日本鬼子: Japanese
invaders
3 用枪打伤了: be
wounded by gunshots

yě chéngle zuì hǎo de péngyou .
也成了最好的朋友。

Xiǎoshíhou wǒ hé Lǐ Lì yìqǐ zài dì shang pá .
小时候我和李力一起在地上爬。

Zhǎngdàle wǒmen liǎng gè rén yòu yìqǐ shàng xué ,
长大了我们两个人又一起上学，

yìqǐ wán . Hòulái wǒmen yòu dào chéng li yìqǐ
一起玩。后来我们又到城里一起

shàng zhōngxué . Wǒ hé Lǐ Lì de jiāoqing hěn shēn .
上中学。我和李力的交情很深。

Kěshì zài jiěfàng zhànzhēng de shíhou , jiěfàngjūn
可是在解放战争¹的时候，解放军²

jìn chéng de nà tiān , wǒmen liǎng gè rén zài jiē shang
进城的那天，我们两个人在街上

zǒuzhe , tūrán Lǐ Lì bújiàn le . Wǒ dàochù zhǎo
走着，突然李力不见了。我到处找

Lǐ Lì yě méi zhǎodào . Wǒ xiǎng dì-èr tiān wǒ yídìng
李力也没找到。我想第二天我一定

huì zhǎodào tā de . Kěshì méi xiǎngdào , jiù zài
会找到他的。可是没想到，就在

nà tiān wǎnshang , tā bèi guómíndǎng zhuāzǒu le ,
那天晚上，他被国民党³抓走了，

wǒmen liǎng gè rén jiù zhèyàng bèi fēnkāile sìshí duō
我们两个人就这样被分开了四十多

nián , shéi yě bù zhīdào shéi de qíngkuàng .
年，谁也不知道谁的情况。

Zài yī jiǔ jiǔ líng nián qiánhòu , wǒ tīngshuō Lǐ
在１９９０年前后，我听说李

Lì bèi guómíndǎng zhuāzǒu hòu bèi dàidàole Táiwān .
力被国民党抓走后被带到了台湾¹。

1 解放战争: War of Liberation (1945-1949)

2 解放军: the Liberation Army

3 国民党: the Kuomintang, a political party of China. Around 1949, the Kuomintang led by Chiang Kaishek moved to Taiwan.

Hòulái tā kāishǐ jīng shāng, yòu dàole guówài.
后来他开始经商[2]，又到了国外。

Jīngguò duō nián de nǔlì, tā yǐjīng chéngwéi yí gè
经过多年的努力，他已经成为一个

yìwàn fùwēng. Wǒ suīrán jīngcháng xiǎng tā, dàn
亿万富翁[3]。我虽然经常想他，但

bù zhīdào tā de quèshí qíngkuàng, méiyǒu bànfǎ gēn
不知道他的确实情况，没有办法跟

tā liánxì.
他联系。

Jiùzài bùjiǔ yǐqián, Ruìshān tūrán lái xìn
就在不久以前，瑞山突然来信

gàosu wǒ, shuō Lǐ Lì cóng guówài huí dào gùxiāng,
告诉我，说李力从国外回到故乡，

kànwàngle xǔduō qīnqi péngyou, hái wèndàole wǒ de
看望了许多亲戚朋友，还问到了我的

qíngkuàng. Tā tīngshuō wǒ zài běijīng gōngzuò, fēicháng
情况。他听说我在北京工作，非常

gāoxìng, shuō yídìng yào dào Běijīng lái kàn wǒ. Kěshì
高兴，说一定要到北京来看我。可是

méi guò duō jiǔ, Ruìshān yòu xiě xìn gàosu wǒ, shuō
没过多久，瑞山又写信告诉我，说

Lǐ Lì yīnwèi yǒu jǐ shì huíqù le, yǐhòu zài jiànmiàn
李力因为有急事回去了，以后再见面

ba! Wǒ xiǎng suīrán wǒmen xiǎoshíhou de jiāoqíng
吧！我想虽然我们小时候的交情

hěn shēn, dànshì jǐshí nián bú jiànmiàn, wǒmen de
很深，但是几十年不见面，我们的

jiāoqíng hái néng shèng duōshao ne? Xiànzài Lǐ Lì yòu
交情还能剩多少呢？现在李力又

1 台湾: Taiwan
2 经商: be in business
3 富翁: man of wealth;
rich man

shì yí wèi dà fùwēng le. Suǒyǐ, wǒ duì wǒmen
是一位大富翁了。所以，我对我们

de jiāoqing yě méi duō xiǎng. Méi xiǎngdào, Lǐ Lì
的交情也没多想。没想到，李力

zhème kuài yòu huílái le, érqiě huán gěi Ruìshān de
这么快又回来了，而且还给瑞山的

gōngzuò dàiláile máfan.
工作带来了麻烦。

Shàng cì Lǐ Lì huílái shí, Ruìshān hé
　　上次李力回来时，瑞山和

xiànlǐngdǎo¹ rèqíng jiēdàile Lǐ Lì, Lǐ
县领导¹ 热情接待了李力，李

Lì chéngle yí wèi zhòngyào de kèrén. Lǐ Lì
力成了一位重要的客人。李力

hěn shòu gǎndòng, duì Ruìshān shuō, tā xiànzài
很受感动，对瑞山说，他现在

hái yǒudiǎnr qián, zhǔnbèi zài lǎojiā tóuzī, wéi
还有点儿钱，准备在老家投资，为

zìjǐ de gùxiāng zuò diǎnr shì. Ruìshān tīng hòu,
自己的故乡做点儿事。瑞山听后，

fēicháng gāoxìng, mǎshàng gēn xiànlǐngdǎo shuō le.
非常高兴，马上跟县领导说了。

Lǐngdǎo dāngrán yě fēicháng gāoxìng, hái kāihuì
领导当然也非常高兴，还开会

yánjiū, zuìhòu juédìng zài xiànchéng de shìzhōngxīn,
研究，最后决定在县城的市中心，

jiàn yí zuò gāojí bīnguǎn, yònglái jiēdài guó nèi wài
建一座高级宾馆，用来接待国内外

kèrén. Lǐngdǎo ràng Ruìshān hé Lǐ Lì liánxì,
客人。领导让瑞山和李力联系，

1 **县领导**: leader of the county

努力把这件事办成。瑞山是规划局

局长，这也是瑞山应该负责的工作。

经过瑞山的努力，李力表示同意，

下次回来签订协议[1]。领导说瑞山

很能干。瑞山也跟领导说他会把

这件事办成的。这件事对瑞山也

有好处。李力走了以后，瑞山着急

地等着李力快点儿回来签订协议。

正在这个时候，李力回来了，可是

李力没有通知瑞山。更奇怪的是，

李力回来以后没有和瑞山见面，他

自己到百年老村去了。在百年老村，

李力和小时候的好朋友大明聊天。

他们聊了很久很久。瑞山听说后，

立刻把李力接回县城，安排在宾馆

1 签订协议: sign an agreement

zhùxià . Kě dāng tāmen zài tándào xiū bīnguǎn de
住下。可当他们再谈到修宾馆的

shíhou , Lǐ Lì duì xiū bīnguǎn bù gǎn xìngqù le .
时候，李力对修宾馆不感兴趣了。

Kāishǐ , Ruìshān hái yǐwéi Lǐ Lì xiǎng tígāo jiàgé ,
开始，瑞山还以为李力想提高价格，

Ruìshān shuō : " Guānyú jiàgé wèntí hǎoshuō , jué bú
瑞山说："关于价格问题好说，决不

huì ràng nín chīkuī de . " Lǐ Lì yì tīng zhè huà
会 让您吃亏[1]的。"李力一听这话

jiù shēngqì le , bù tán qiāndìng xiéyì xiū bīnguǎn de
就生气了，不谈签订协议修宾馆的

shì le . Ruìshān lìkè jiù jí le . Tā gēn lǐngdǎo
事了。瑞山立刻就急了。他跟领导

shuōguo tā gēn Lǐ Lì de guānxì búcuò , yídìng
说过他跟李力的关系不错，一定

huì bǎ shìqing bànhǎo . Kěshì , tā méi xiǎngdào ,
会把事情办好。可是，他没想到，

shìqing huì yǒu zhèyàng de jiéguǒ , tā zěnme bù
事情会有这样的结果，他怎么不

zháojí ne ! Zěnme gēn lǐngdǎo shuō ne ! Suǒyǐ tā
着急呢！怎么跟领导说呢！所以他

zhǐhǎo ràng wǒ lái bāngzhù tā .
只好 让我来帮助他。

Tā shuō : " Shūshu , zhè jiàn shìqing zhǐhǎo qǐng
他说："叔叔，这件事情只好请

nín bāngmáng le , bāng wǒ yíxià ba ! "
您帮 忙了，帮我一下吧！"

Wǒ shuō : " Lǐ Lì bú yuànyì tóuzī , wǒ yǒu
我 说："李力不愿意投资，我有

1 吃亏: suffer losses

shénme hǎo bànfǎ ？ ”
什么 好 办法？ ”

　　Tā shuō：" Yòng nín hé tā de jiāoqing bei！ Nín
　　他 说：" 用 您 和 他 的 交情 呗！ 您

hé tā kě bú shì yìbān de guānxì .
和 他 可 不 是 一般 的 关系。

　　Wǒ shuō：" Nà shì jǐshí nián yǐqián de shì,
　　我 说：" 那 是 几十 年 以前 的 事，

shéi hái jīngcháng xiǎngzhe guòqù de shìqing . ”
谁 还 经常 想着 过去 的 事情。 ”

　　Ruìshān jímáng shuō：" Kěshì Lǐ Lì hěn xiǎng nín
　　瑞山 急忙 说：" 可是 李力 很 想 您

ne ！ Shàng cì huílái shí, tā zǒngshì shuōqǐ nín hé
呢！ 上 次 回来 时，他 总是 说起 您 和

tā de jiāoqing . Shuōhuà de shíhou, yǎnjing hái yǒu
他 的 交情。 说话 的 时候，眼睛 还 有

yǎnlèi ne . ”
眼泪 呢。 ”

　　Wǒ dèngle tā yì yǎn , shuō：" Nà yě bù
　　我 瞪了 他 一眼 [1]， 说：" 那 也 不

néng lìyòng zhè zhǒng guānxì tán qiāndìng xiéyì ya ！ ”
能 利用 这 种 关系 谈 签订 协议 呀！ ”

　　Ruìshān jímáng shuō：" Zhè yòu bú shì wǒ zìjǐ
　　瑞山 急忙 说：" 这 又 不 是 我 自己

de shìqing , shì wèi jiànshè hé fāzhǎn zánmen de
的 事情， 是 为 建设 和 发展 咱们 的

gùxiāng, zhè shì yí jiàn hào shì a ！ Nín bāngbang
故乡， 这 是 一 件 好 事 啊！ 您 帮 帮

máng yě méi shénme bù hǎo a ！ Nín guòqù bú shì duō
忙 也 没 什么 不 好 啊！ 您 过去 不 是 多

1 瞪了他一眼: stare at

cì biǎoshì， yuànyì wèi gùxiāng zuò xiē shìqing ma？"
次表示，愿意为故乡做些事情吗？"

Tā de huà yě duì。 Wǒ quèshí duō cì zài Bǎinián
他的话也对。我确实多次在百年

Lǎocūn de rénmen miànqián biǎoshìguo xiǎng wèi gùxiāng
老村的人们面前表示过想为故乡

zuò yìxiē shìqing。 Kěshì jīntiān Ruìshān ràng wǒ zuò
做一些事情。可是今天瑞山让我做

zhèyàng de shì， wǒ juéde hěn nán。 Zěnme gēn Lǐ
这样的事，我觉得很难。怎么跟李

Lì shuō ne！
力说呢！

Wǒ xiǎngle xiǎng， shuō："Nà jiù shìshi kàn
我想了想，说："那就试试看

ba。"
吧。"

Ruìshān yí jiàn wǒ biǎoshì tóngyì， lìkè zhàn
瑞山一见我表示同意，立刻站

qǐlái shuō："Nà nín xiànzài jiù qù jiàn kèrén ba。"
起来说："那您现在就去见客人吧。"

Wǒ shuō："Wèi shénme zhème jí？"
我说："为什么这么急？"

Tā shuō：" Chènrè-dǎtiě ma！ Dàjiā zhèng
他说："趁热打铁¹嘛！大家正

hǎo yíkuàir chī zǎochá。"
好一块儿吃早茶²。"

Wǒ gǎndào hěn qíguài：" Zěnme？ Zánmen
我感到很奇怪："怎么？咱们

lǎojiā zhèr yě yǒu chī zǎochá de xíguàn le？"
老家这儿也有吃早茶的习惯了？"

1 趁热打铁: strike while iron is hot—seize the chance and lose no time to get things done
2 早茶: Guangdong-style breakfast

Tā xiàozhe duì wǒ shuō：" Xuéxí biérén de
他笑着对我说："学习别人的

jīngyàn ma！ Chī zǎochá de shíjiān， yě jiùshì tán
经验嘛！吃早茶的时间，也就是谈

gōngzuò de shíjiān．"
工作的时间。"

Wǒ xīn xiǎng， zhè zěnme shì xuéxí xiānjìn
我心想，这怎么是学习先进

jīngyàn， zhè shì gǎn shímáo¹！ Wǒ yòu wèn：" Lǐ
经验，这是赶时髦¹！我又问："李

Lì xiànzài zài nǎr？"
力现在在哪儿？"

Tā shuō：" Jiù zài pángbiān de fángjiān li．Zhè
他说："就在旁边的房间里。这

jiùshì wèi shénme wǒ yào ānpái nín zhù zài zhèr．"
就是为什么我要安排您住在这儿。"

Wǒ zhōngyú míngbaile tā de yìsi．Ruìshān bú
我终于明白了他的意思。瑞山不

xiàng guòqù nàme chúnpǔ le， tā biàn de hé yǐqián
像过去那么纯朴了，他变得和以前

dà bù yí yàng le．Tā shì xiǎng lìyòng gè zhǒng bànfǎ
大不一样了。他是想利用各种办法

ràng Lǐ Lì qiāndìng xiéyì．Tā shì wèi zìjǐ háishi
让李力签订协议。他是为自己还是

wèile gùxiāng cái zhème zuò ne？
为了故乡才这么做呢？

Wǒ zhànle qǐlái．Kěshì， Ruìshān tūrán
我站了起来。可是，瑞山突然

huí tóu kànle kàn wǒ， ránhòu shuō：" Nín shì bu shì
回头看了看我，然后说："您是不是

1 赶时髦: follow the fashion

huàn jiàn yīfu ？"
换 件 衣服？"

　　Wǒ yòu dèngle tā yì yǎn："Yòu bú shì huìjiàn
　　我 又 瞪了他一眼："又 不 是 会 见

wàibīn[1]！"
外宾[1]！"

　　Tā xiàozhe shuō："Rénjiā jiùshì wàibīn ma！
　　他 笑 着 说："人 家 就 是 外 宾 嘛！

Huàn yíxià yīfu yě shì duì kèrén de zūnzhòng."
换 一 下 衣 服 也 是 对 客 人 的 尊 重。"

　　Wǒ háishi tīngle tā de huà，chuānshàngle
　　我 还 是 听 了 他 的 话， 穿 上 了

xīfú，ránhòu gēn tā chūmén qù jiàn lǎopéngyou。Wǒ
西服， 然 后 跟 他 出 门 去 见 老 朋 友。我

xīnli lìkè jǐnzhāng qǐlái。Lǐ Lì zhè jǐshí nián
心 里 立 刻 紧 张 起 来。李 力 这 几 十 年

biànchéng shénme yàng le ne？Zài wǒ de jìyì li，
变 成 什 么 样 了 呢？ 在 我 的 记 忆 里，

tā háishi yí gè tiáopí de nánháir。Kěshì
他 还 是 一 个 调 皮[2] 的 男 孩 儿。 可 是

xiànzài Lǐ Lì shì gè dà fùwēng，yí gè yǒu qián rén，
现 在 李 力 是 个 大 富 翁， 一 个 有 钱 人，

tā huì shì shénme yàngzi ne？Wǒ zěnyàng shuōfú tā
他 会 是 什 么 样 子 呢？ 我 怎 样 说 服 他

gěi gùxiāng tóuzī ne？
给 故 乡 投 资 呢？

　　Dāng wǒmen láidào Lǐ Lì fángjiān ménkǒu de
　　当 我 们 来 到 李 力 房 间 门 口 的

shíhou，Ruìshān zǒu shàng qián ànle ménlíng[3]。
时 候， 瑞 山 走 上 前 按 了 门 铃[3]。

1 外宾: foreign guest

2 调皮: tricky, naughty

3 门铃: doorbell

Kěshì děngle yíhuìr， méiyǒu rén kāi mén.
可是等了一会儿，没有人开门。

" Yí， shuōhǎole ràng tā zài zhèr děng wǒ，
"咦，说好了让他在这儿等我，

zěnme bújiàn le ne？" Ruìshān qíguài de shuōzhe.
怎么不见了呢？"瑞山奇怪地说着。

Zhèngzài zhè shí， fúwùyuán cóng pángbiān zǒu guòlái，
正在这时，服务员从旁边走过来，

xiàozhe wèn："Xiānsheng， nín zhǎo Lǐ Lì lǎo xiānsheng
笑着问："先生，您找李力老先生

ba？ Tā zǒu le ."
吧？他走了。"

Ruìshān jímáng wèn："Dào nǎr qù le？"
瑞山急忙问："到哪儿去了？"

Fúwùyuán shuō：" Tā gěi nín liúle yì zhāng
服务员说："他给您留了一张

zhǐtiáo ." Ránhòu náchū zhǐtiáo， jiāogěile Ruìshān.
纸条。"然后拿出纸条，交给了瑞山。

Tā jiē guòlái kànle yì yǎn， shuō："Hēi！ Zhè wèi
他接过来看了一眼，说："嘿！这位

lǎo xiānsheng， zhēnshi de ". Ránhòu bǎ zhǐtiáo ná
老先生，真是的"。然后把纸条拿

gěi wǒ， wǒ yí kàn， zhǐ jiàn shàngmiàn xiězhe：Qín
给我，我一看，只见上面写着：秦

xiānsheng， zhù zài zhè zhǒng bīnguǎn tài guì le， wǒ
先生，住在这种宾馆太贵了，我

bānzǒu le， wǒ huí Bǎinián Lǎocūn qù zhǎo wǒ de lǎo
搬走了，我回百年老村去找我的老

huǒbàn zhù jǐ tiān. Qǐng yuánliàng. Lǐ Lì.
伙伴[1]住几天。请原谅。李力。

---

1 伙伴: pal, fellow

李力怎么会这样呢？瑞山半天[1]
没说话；我也不知说什么好。过了
一会儿，只见瑞山说："叔叔，我也
送您回百年老村吧！你们老朋友在
那儿见面，不是更有意思吗？"我
理解他的意思，由于我正想快
点儿看到李力，就说："好，我现在
就去。"他一听，自然很高兴，立刻
说："咱们先去吃早茶，然后我用
车送您去！"

　　吃完早饭，回到房间，我把
旅行包收拾好，准备离开。瑞山说：
"您不用把东西全带走，晚上咱们
还回这儿来。"我说："客人都不住
这儿，我在这儿干吗？晚上再说

1 半天: half a day, but
here referring to quite
a while

ba！” Ruìshān xiǎngle xiǎng, shuōchū liǎng gè zì :
吧！” 瑞山 想了 想，说出 两个字：

“Hǎo ba！”
“好吧！”

Xiàle lóu, wǒmen zǒuchūle bīnguǎn dàmén,
下了楼，我们 走出了 宾馆 大门，

nà liàng “Bēnchí” yǐjīng děng zài ménkǒu le . Wǒ
那辆 “奔驰” 已经 等 在 门口 了。我

shuō：“Zuò zhème gāojí de qìchē qù Bǎinián Lǎocūn,
说：“坐 这么 高级 的 汽车 去 百年 老村，

hǎo ma？”
好吗？”

Ruìshān xiàozhe shuō：“Méi guānxì de, wǒ měi
瑞山 笑着 说：“没 关系 的，我 每

cì huí jiā dōu zuò tā .” Wǒ shénme yě méi shuō, jiù
次 回家 都 坐 它。” 我 什么 也 没 说，就

gēnzhe tā shàng chē le .
跟着 他 上 车了。

Chūle dàmén, méi xiǎngdào tiānqì tūrán
出了 大门，没 想到 天气 突然

biàn le, yào xià yǔ le . Ruìshān táitóu kànle kàn
变了，要 下雨了。瑞山 抬头 看了 看

tiānqì, duì wǒ shuō：“Tiānqì bú dà hǎo, bié huí
天气，对 我 说：“天气 不大 好，别 回

lǎojiā le ba？”
老家 了吧？”

Wǒ shuō：“Bù, zhè diǎnr xiǎo yǔ suàn
我 说：“不，这 点儿 小雨 算

shénme？ Zǒu！”
什么？ 走！”

Tā bù hǎo shuō shénme, zhǐhǎo gēn sījǐ shuō:
他不好说什么，只好跟司机说：

"Kāi chē."
"开车。"

Gānggāng chū chéng de lù hái hěn hǎo. Lù de
刚刚出城的路还很好。路的

liǎng biān dōu shì lù shù, hǎoxiàng yì tiáo lǜsè de
两边都是绿树，好像一条绿色的

zǒuláng. Wǒ shuō:" Zhè tiáo lù xiū de hǎo piàoliang
走廊。我说:"这条路修得好漂亮

a!" Ruìshān gāoxìng de shuō:"Yàoxiǎng fù, xiān
啊!"瑞山高兴地说:"要想富，先

xiū lù ma. Zhè jǐ nián wǒmen xiūle hěn duō lù,
修路嘛。这几年我们修了很多路，

wèile gǎo yí gè hǎo de tóuzī huánjìng. Tiáojiàn tài
为了搞一个好的投资环境[1]。条件太

chà le, shéi yuànyì dào zán zhè xiǎo dìfang lái tóuzī
差了，谁愿意到咱这小地方来投资

ne?" Wǒ xīnli xiǎng, tā de huà yǒu yídìng de
呢?"我心里想，他的话有一定的

dàolǐ.
道理。

Ruìshān jiēzhe shuō:" Zhè yě shì wǒmen
瑞山接着说:"这也是我们

guīhuàjú de chéngjì."
规划局的成绩。"

Guòle bùjiǔ, qìchē jiù kāidàole lí
过了不久，汽车就开到了离

wǒmen lǎojiā bù yuǎn de xiǎozhèn[2]. Zhè shì wǒ
我们老家不远的小镇[2]。这是我

1 投资环境: investment environment

2 镇: town

小时候常来的地方。可是，小镇的变化不大，很破旧。由于下着小雨，小镇看上去更加破旧，一点儿也不像从前的小镇了。小车开过小镇之后，就是土路[1]了。路上都是雨水和泥[2]。瑞山走过去试了试，回过头对我说："叔叔，土路不好走，汽车不能往前开了，咱们回去吧，天晴以后再来。"

我说："路上有点儿水、泥，怕什么？车开不过去，我们走路好了！我很多年没走老家的泥土路了，这次正好补一下我的遗憾[3]。"说完，我就下车，走上泥土路。瑞山不好说什么，只好跟我一起走。

1 土路: dusty road
2 泥: mud
3 遗憾: pity

Zhè lù zǒu qǐlái quèshí bù hǎo zǒu. Yóuyú
这路走起来确实不好走。由于
lùmiàn quán shì ní, hěn kuài jiù bǎ wǒ de píxié
路面全是泥，很快就把我的皮鞋
zhānzhù le, zǒu qǐlái fēicháng kùnnan. Zǒule
粘住了[1]，走起来非常困难。走了
yíhuìr wǒ jiù tuōxià xié hé wàzi, guāng jiǎo
一会儿我就脱下鞋和袜子，光 脚[2]
zǒu. Ruìshān bùtíng de shuō: "Shūshu, zhēn
走。瑞山不停地说："叔叔，真
duìbuqǐ, ràng nín shòukǔ le."
对不起，让您受苦了。"

Wǒ shuō: "Bié shuō nàme duō le, zhè suàn
我说："别说那么多了，这算
shénme kǔ? Zhèr de fùlǎo xiāngqīn yì nián dào tóu
什么苦？这儿的父老乡亲[3]一年到头[4]
dōu zǒu zhè zhǒng tǔlù, yòu zěnmeyàng le? Zǒule
都走这种土路，又怎么样了？走了
yí duàn yǐhòu, wǒ hūrán xiǎngqǐ xiū lù de shì,
一段以后，我忽然想起修路的事，
jiù wèn tā: "Nǐ bú shì shuō 'yào xiǎng fù, xiān xiū
就问他："你不是说'要想富，先修
lù' ma? Zhè duàn lù nǐmen zěnme bù xiū yi xiū
路'吗？这段路你们怎么不修一修
ya?"
呀？"

Tā duì wǒ shuō: "Zǎo jiù xiǎng xiūxiu zhè tiáo lù
他对我说："早就想修修这条路
le, kě nǎ lái zhème duō qián ne?"
了，可哪来这么多钱呢？"

1 皮鞋粘住了: The leather shoes are stuck in the mud.
2 光脚: walk with bare feet
3 父老乡亲: local people; villager; fellow countryman
4 一年到头: throughout the year; all the year round

Wǒ xiàole xiào, wèn: "Nǐmen zěnme yǒu
我 笑了笑，问："你们怎么有

nàme duō de qián xiū dà bīnguǎn ne?"
那么多的钱修大宾馆呢？"

Tā shuō: "Nà yě shì méi bànfǎ a! Méiyǒu
他说："那也是没办法啊！没有

hěn hǎo de shēnghuó tiáojiàn, shéi lái tóuzī a!
很好的 生活 条件， 谁来 投资啊！

Wǒmen xiū bīnguǎn yě shì wèile fāzhǎn a."
我们修宾馆也是为了发展啊。"

Ruìshān de huà méiyǒu shénme dàolǐ, lái
瑞山的话没有什么道理，来

tóuzī de rén bú shì yīnwèi yǒu dà bīnguǎn cái lái de.
投资的人不是因为有大宾馆才来的。

Xiànzài guónèi dàochù xiū gāojí bīnguǎn, gǎn shímáo,
现在国内到处修高级宾馆，赶时髦，

hǎoxiàng shì zài jìnxíng xiū bīnguǎn de bǐsài. Qíshí,
好像是在进行修宾馆的比赛。其实，

rén rén xīnli dōu zhīdào xiū bīnguǎn shì gǎn shímáo,
人人心里都知道修宾馆是赶时髦，

dànshì méiyǒu rén guǎn.
但是没有人管。

Wǒmen hǎo bù róngyì cái lái dào le Bǎinián
我们 好不容易才来到了百年

Lǎocūn. Bǎinián Lǎocūn shì yí gè hěn qióng de dìfang.
老村。百年老村是一个很穷的地方。

Zhèlǐ de dàduōshù nóngmín zhǔyào shì kào zhòng dì
这里的大多数农民主要是靠 种地

shēnghuó, tāmen shēnghuó de hěn pínkùn. Yīnwèi
生活，他们生活得很贫困。因为

wǒ zài Bǎinián Lǎocūn méiyǒu shénme qīnrén le , hěn
我在百年老村没有什么亲人了，很

shǎo huílái , duì zhèr de yíqiè yě bù shú le .
少回来，对这儿的一切也不熟了。

Ruìshān wèn wǒ xiànzài dào nǎr qù , wǒ shuō dāngrán
瑞山问我现在到哪儿去，我说当然

dào Dà Míng jiā qù , Dà Míng shì wǒ xiǎoshíhou de
到大明家去，大明是我小时候的

huǒbàn .
伙伴。

　　Lǐ Lì yě zài Dà Míng jiā . Xiǎoshíhou , wǒ
　　李力也在大明家。小时候，我

hé Lǐ Lì , Dà Míng sān gè rén shì zuì hǎo de péngyou ,
和李力、大明三个人是最好的朋友，

zuò shénme shì dōu zài yìqǐ . Dànshì yīnwèi Dà Míng
做什么事都在一起。但是因为大明

jiā méiyǒu qián , zhǐ dúle sì nián shū , tā jiù bú
家没有钱，只读了四年书，他就不

shàng xué le , huí jiā bāngzhù fùqīn zhòng dì le .
上学了，回家帮助父亲种地了。

Jiěfàng yǐhòu , Dà Míng dāngle Bǎinián Lǎocūn de
解放以后，大明当了百年老村的

shūjì , wèi Bǎinián Lǎocūn de xiāngqīnmen bànle hěn
书记 [1]，为百年老村的乡亲们办了很

duō hào shì , hěn shòu dàjiā de zūnzhòng . Dāngrán ,
多好事，很受大家的尊重。当然，

wǒ xīnli yě hěn zūnzhòng tā . Xiànzài , tā niánjì
我心里也很尊重他。现在，他年纪

dà le , bù dāng shūjì le , dàn Bǎinián Lǎocūn
大了，不当书记了，但百年老村

1 书记: secretary of
the Party

de dà shì, xiǎo shì,   tā háishi guǎnle bù shǎo.
的大事、小事，他还是管了不少。

Yǐqián wǒ huí lǎojiā de shíhou,   yě jīngcháng dào tā
以前我回老家的时候，也经常到他

jiā li lái, gēn tā liáoliao tiān. Zhè cì Lǐ Lì yě
家里来，跟他聊聊天。这次李力也

huílái le,   wǒmen sān gè lǎo huǒbàn yīnggāi zài   yìqǐ
回来了，我们三个老伙伴应该在一起

hǎohāor liáoliao tiān. Wǒ dàizhe Ruìshān cháo Dà Míng
好好儿聊聊天。我带着瑞山朝大明

jiā zǒuqù.
家走去。

Wǒ xīnli xiǎngzhe Lǐ Lì de yàngzi,   xiǎngzhe
我心里想着李力的样子，想着

wǒmen sān gè rén jiànmiàn de shíhou wǒmen huì zěnyàng
我们三个人见面的时候我们会怎样

jīdòng. Dāng wǒmen láidào Dà Míng jiā ménkǒu de
激动。当我们来到大明家门口的

shíhou, wǒ fēicháng jīdòng. Ruìshān zǒudào ménkǒu,
时候，我非常激动。瑞山走到门口，

qiāo mén. Mén kāi le,   chūlái de shì Dà Míng de
敲门。门开了，出来的是大明的

lǎobàn. Tā kànjiàn wǒ zhàn zài ménkǒu,   gāoxìng
老伴[1]。她看见我站在门口，高兴

de shuōbuchū huà lái,   lāzhe wǒ de shǒu xiào gè bù
得说不出话来，拉着我的手笑个不

tíng.
停。

Wǒ xiān xiàng tā wèn hǎo. shuō: " Lǎo sǎozi,
我先向她问好，说："老嫂子[2]，

1 老伴: (of an old married couple) husband or wife
2 嫂子: sister-in-law

nǐ hǎo ma ？ ”
你好吗？”

　　Tā zhèshí cái shuō ：“ Hǎo！ Hǎo！ Dà
她 这 时 才 说：“ 好！ 好！ 大

xiōngdì ， nǐ lái de tài hǎo le ！ Lǐ Lì xiōngdì yě
兄弟[1]，你来得太好了！李力兄弟也

cóng guówài huílái le . Wǒ lǎobàn gāngcái hái tídào
从 国外回来了。我老伴刚才还提到

nǐ ne . Wǒmen yì shuō nǐ ， nǐ jiù lái le ， tài
你呢。我们一说你，你就来了，太

hǎo le ！ Zhè huí sān gè rén kěyǐ zài yìqǐ hǎohāor
好了！ 这回三个人可以在一起好好儿

liáoliao tiān la ！ … ” Tā lāzhe wǒ de shǒu shuō
聊聊天啦！……” 她拉着我的手说

gè bù tíng . Ruìshān zài pángbiān què děng de jǐ le ,
个不停。瑞山在旁边 却 等得急了，

wèn tā ：“ Dàmā ， Dà Míng hé Lǐ Lì dà bó[2]
问她：“大妈，大 明 和李力大伯

ne ？ Wǒ shūshu shì cóng Běijīng lái kàn tāmen de .”
呢？我叔叔是从北京来看他们的。”

　　Dà Míng sǎozi zhè cái sōngkāi wǒ de shǒu ,
大 明 嫂子这才松开[3]我的手，

dà shēng shuōdào ：“ Hēi ， wǒ tài gāoxìng le ， bǎ
大 声 说道：“嘿，我太高兴了，把

lǎobàn hé Lǐ Lì xiōngdì gěi wàng le . Lǐ Lì xiōngdì
老伴和李力兄弟给忘了。李力兄弟

láile yǐhòu ， liǎng gè rén jiù shuō gè bù tíng ,
来了以后， 两个人就说个不停，

tāmen yíhuìr kū ， yíhuìr xiào ， yíhuìr
他们一会儿哭， 一会儿笑， 一会儿

1 兄弟: brother
2 大伯: father's elder brother
3 松开: let go; to release

gāoxìng， yíhuìr shēngqì de， fàn yě wàng chī le．
高兴，一会儿生气的，饭也忘吃了。

Hòulái wǒ pà tāmen è， jiù zuòle liǎng gè jīdàn
后来我怕他们饿，就做了两个鸡蛋

gěi tāmen chī， hái méi chīwán， tāmen yòu yìqǐ
给他们吃，还没吃完，他们又一起

chūqù le， měi rén hái názhe yì bǎ sǎn ⋯⋯"
出去了，每人还拿着一把伞⋯⋯"

Dà Míng de lǎobàn hái xiǎng jìxù shuō xiàqù，
大明的老伴还想继续说下去，

Ruìshān méiyǒu ràng tā shuōwán， wèn dào：" Dàmā，
瑞山没有让她说完，问道："大妈，

nín kuài shuōshuo， tāmen xiànzài dào nǎr qù le？"
您快说说，他们现在到哪儿去了？"

Tā xiǎngle xiǎng， yě bù zhīdào， Jiù zhuǎnshēn
她想了想，也不知道，就转身

wèn pángbiān yí gè xiǎoháir：" Gǒushèngr， nǐ
问旁边一个小孩儿："狗剩儿[1]，你

yéye tāmen dào nǎr qù le？" Gǒushèngr huídá
爷爷他们到哪儿去了？"狗剩儿回答

shuō：" Wǒ kànjiàn tāmen cháo xuéxiào nàbiān zǒu le．"
说："我看见他们朝学校那边走了。"

Tā duì Gǒushèngr shuō：" Qù！ Kuài bǎ nǐ
她对狗剩儿说："去！快把你

yéye jiào huí jiā， jiù shuō nǐ Qín yéye cóng Běijīng
爷爷叫回家，就说你秦爷爷从北京

huílái le．"
回来了。"

Wǒ mǎshàng duì gǒushèngr shuō：" Nǐ bié qù jiào
我马上对狗剩儿说："你别去叫

1 狗剩儿: name of the boy. It's funny to name a child sth. left by a dog, but in the countryside people like to give boys such informal names and hope they will grow strong.

le , wǒ qù zhǎo tāmen ! " Ránhòu , wǒ tóu yě
了，我去找他们！"然后，我头也

bù huí de wǎng xuéxiào fāngxiàng zǒuqù . Zhè dìfang
不回地往 学校 方向走去。这地方

wǒ tài shú le ! Wǔshí duō nián qián , wǒ dì-yī tiān
我太熟了！五十多年前，我第一天

qù xuéxiào shàng xué shí , shì hé Lǐ Lì , Dà Míng
去学校 上学时，是和李力、大明

yíkuàir qù de . Wǒmen sān gè rén yìqǐ zǒule sì
一块儿去的。我们三个人一起走了四

nián , wǒ wàngbuliǎo zhè tiáo shāncūn xiǎo lù .
年，我忘不了这条山村小路。

Wǒ zài Bǎinián Lǎocūn de xiǎo lù shang zǒuzhe ,
我在百年老村的小路上 走着，

láidàole wǒmen Bǎinián Lǎocūn de xiǎoxuéxiào . Zhè
来到了我们百年老村的小学校。这

dìfang zuì zǎo de shíhou shì wǒmen Qín jiā de
地方最早的时候是我们 秦家的

cítáng . Dào guònián , guò jié de shíhou , wǒmen
祠堂 [1]。到过年、过节的时候，我们

Qín jiā de rén dōu yào dào zhèr jìbài . Hòulái
秦家的人都要到这儿祭拜 [2]。后来

zhèlǐ biànchéngle xiǎoxuéxiào . Wǒ de xiǎoxué sì nián
这里变成了小学校。我的小学四年

dōu shì zài zhèlǐ xuéxí de . Méi xiǎngdào jǐshí
都是在这里学习的。没想到几十

nián guòqù le , xuéxiào háishi yǐqián de yàngzi
年过去了，学校还是以前的样子，

méi shénme biànhuà . Rúguǒ shuō yǒu shénme biànhuà ,
没什么变化。如果说有什么变化，

1 祠堂: the ancestral hall

e.g. 祠堂里边立着我们家祖宗的牌位。

2 祭拜: hold a memorial ceremony for

jiùshì zhè zuò lǎo cítáng gèng pòjiù le, qiáng shì pò
就是这座老祠堂更破旧了，墙是破

de, fángzi yě xié le。 Kàndào pòjiù de xiǎoxué,
的，房子也斜了。看到破旧的小学，

wǒ tūrán xiǎngdàole chéng li de háohuá bīnguǎn、 gāo
我突然想到了城里的豪华宾馆、高

lóu hé dēnghóng-jiǔlǜ de shēnghuó; ér zhèr ne,
楼和灯红酒绿[1]的生活；而这儿呢，

què shì rúcǐ pòjiù, lí xiàndài de chéngshì shēnghuó
却是如此破旧，离现代的城市生活

chà de tài yuǎn le! Kěshì, wǒmen zhè wèi Dà Míng
差得太远了！可是，我们这位大明

lǎo huǒbàn wèi shénme bǎ kèrén dài dào zhège dìfang
老伙伴为什么把客人带到这个地方

lái cānguān ne?
来参观呢？

　　Zhèngzài zhè shí, wǒ tūrán kànjiàn liǎng gè
　　正在这时，我突然看见两个

lǎorén cóng dàmén li zǒu chūlái, tāmen yìbiān zǒu,
老人从大门里走出来，他们一边走，

yìbiān shuō, tāmen hěn jīdòng。 Wǒ rènchū zuǒ biān
一边说，他们很激动。我认出左边

nàge bái tóufa lǎorén shì Dà Míng; lìng yí gè rén
那个白头发老人是大明；另一个人

chuān de shì xīzhuāng, dàizhe hēi biān yǎnjìng。 Tā
穿的是西装，戴着黑边眼镜。他

de yàngzi tèbié kěxiào, tā shàngshēn chuānzhe
的样子特别可笑，他上身穿着

xīzhuāng, ér tā de kùjiǎo juǎnzhe, liǎng tiáo tuǐ
西装，而他的裤脚卷着，两条腿

1 灯红酒绿: red lan-
terns and green wine—
feasting and revelry

shang dōu shì ní
上 都 是 泥 [1]。

Wǒ hěn xiǎng xiào，　dànshì rěnle
我 很 想 笑， 但是 忍了

yíxià，　méiyǒu xiào。 Búyòng wèn，　tā jiùshì
一 下， 没 有 笑。 不 用 问， 他 就是

Lǐ Lì le。 Wǒ méiyǒu hé tāmen dǎ zhāohu，　jiù
李 力 了。 我 没 有 和 他们 打 招呼， 就

xiàng tāmen liǎng gè rén zǒu guòqù。 Dà Míng xiān
向 他们 两 个 人 走 过去。 大 明 先

fāxiànle wǒ，　gāng yào dǎ zhāohu，　wǒ jímáng
发 现了 我， 刚 要 打 招呼， 我 急忙

bǎile yíxià shǒu。 Dà Míng shì gè cōngmíngrén，
摆 了 一 下 手。 大 明 是 个 聪明人，

míngbaile wǒ de yìsi，　zhànzhù bù zǒu le。
明白了 我 的 意思， 站住 不 走 了。

Lǐ Lì yǐjīng kànjiàn wǒ le，　kànle wǒ jǐ
李 力 已经 看见 我 了， 看了 我 几

yǎn，　méi gēn wǒ dǎ zhāohu，　kěnéng shì bú rènshi
眼， 没 跟 我 打 招呼， 可能 是 不 认识

wǒ le。 Wǒ yìzhí zǒu dào tā gēnqián，　wènle yì
我 了。 我 一直 走 到 他 跟前， 问了 一

shēng：“Nín shì Lǐ Lì xiānsheng ma？”
声 ：“您 是 李 力 先生 吗？”

Tā de yǎnjing jǐnjǐn de kànzhe wǒ，　：“Nín
他 的 眼 睛 紧 紧 地 看着 我， ：“您

shì……”
是……”

Wǒ shuō：“Wǒ shì Qín Lì ya！ Nǐ bú rènshi
我 说：“我 是 秦 力 呀！ 你 不 认识

wǒ le？”
我 了？”

1 裤脚卷着，两条腿
上都是泥: trousers
rolled up with mud on
the legs

Lǐ Lì jīdòng de shuō：" Qín Lì ! Zhōngyú
李力激动地说:"秦力! 终于
kànjiàn nǐ le ! " Lǐ Lì zhāngkāi shuāng shǒu, bǎ
看见你了!"李力张开 双 手,把
wǒ jǐnjǐn bàozhù. Wǒmen shéi yě méi shuōhuà.
我紧紧抱住。我们谁也没说话。
Dàjiā zài pángbiān yìbiān xiàozhe, yìbiān yòng shǒu cā
大家在旁边一边笑着,一边用 手擦
yǎnlèi .
眼泪。

Wǒmen dōu hěn jīdòng, guòle yíhuìr,
我们都很激动,过了一会儿,
wǒmen cái kāishǐ shuōhuà.
我们才开始说话。

Lǐ Lì shuō：" Nǐ kě bǎ wǒ xiǎngsǐ le !
李力说:"你可把我想死了¹!
Duōshao nián le, jiù xiǎngzhe yǒu zhème yì tiān "
多少年了,就想着有这么一天。"

Wǒ shuō：" Hé nǐ yíyàng ! " Wǒ kàndàole
我 说:"和你一样!"我看到了
tā yǎnjing li de yǎnlèi . Wǒ de yǎnjing yě shī le .
他眼睛里的眼泪。我的眼睛也湿了。

Tā shuō：" Dà Míng, nǐ zǎo kànjiàn tā lái
他 说:"大 明,你早 看见他来
le , wèi shénme bú gàosu wǒ ? "
了,为什么不告诉我?"

Dà Míng xiào le, shuō：" Wǒ yào kànkan nǐ
大 明 笑了,说:"我要看看你
zhège guìrén wàng méi wàng wǒmen lǎo huǒbàn,
这个贵人²忘没忘我们老伙伴,

1 想死了: miss sb. extremely

2 贵人: person of high rank

kànlái nǐ hái méi wàng．"
看来你还没 忘。"

　　Lǐ Lì xiàozhe shuō："Jiù nǐ xīnyǎn duō¹， hé
　　李力笑着说："就你心眼多¹，和

xiǎoshíhou yíyàng！" Ránhòu yòu wèn wǒ："Nǐ
小时候一样！" 然后又问我："你

shénme shíhou dào de？"
什么时候到的？"

　　Wǒ shuō："Gāng dào chéng li， ránhòu yòu dào
　　我说："刚到城里，然后又到

zhèr zhǎo nǐ lái le．"
这儿找你来了。"

　　Lǐ Lì qíguài de wèn："Nǐ zěnme zhīdào wǒ
　　李力奇怪地问："你怎么知道我

zài zhèr？"
在这儿？"

　　Wǒ xiàozhe shuō："Nǐ bú shì liúle yí gè
　　我 笑着 说："你不是留了一个

zhǐtiáo ma？"
纸条吗？"

　　Tā shuō："Zhème shuō， nǐ yě dào nàge
　　他说："这么 说，你也到那个

gāojí bīnguǎn le？"
高级宾馆了？"

　　Wǒ shuō："Bú dào nàr néng zhīdào nǐ lái
　　我 说："不到那儿能 知道你来

zhèr le ma？"
这儿了吗？"

　　"Hā ha ha ha！" Tā dà xiào qǐlái， xiào
　　"哈哈哈！"他大笑起来，笑

1 心眼多: tricky, crafty

得像个孩子，就像几十年前那个
样子。他看了我一眼，看见我光着
脚，脚上都是泥，笑着问："你是
怎么来的？"

我说："你应该知道。"

他低头看了看自己那腿上和脚
上的泥，忍不住又笑了。不过，他
马上生气地说："不像话[1]，百年
老村和城里的差距太大了。一边
那样豪华，一边又这样、这样……"

他不知道说什么好了。大明接着说：
"我替你说了吧，这样又破又旧。"

瑞山的脸立刻红了。

不过，李力现在也不想多说
什么。他高兴地说："先别说那些不

愉快的事。来！我们三个老朋友很难
见面，就在我们的小学校 照一张
相吧！"

大明急忙摆手说："这儿有什么
好照的？又破又旧。"

李力说："就是在这样的老地方
照相才有意义呢！"

这时，小学校的校长从旁边
过来了。他是个三十岁左右的
年轻人。我认识他。他姓秦，也是
我们秦家的年轻人。好像他已经和
他们见过面了。他高兴地说："我给
你们三位老人照相吧"！他照了好
几张，然后又对我们说："请几位
老人家到办公室里坐坐吧！"

Wǒmen hùxiāng kànle yíxià, hǎoxiàng dàjiā
我们互相看了一下，好像大家

dōu méi yìjiàn, jiù gēnzhe xiàozhǎng yìqǐ zǒujìn
都没意见，就跟着校长一起走进

xiǎoxuéxiào. Xiàozhǎng de bàngōngshì hěn pò, mén hěn
小学校。校长的办公室很破，门很

ǎi, wǒmen yào dīxià tóu cái néng jìnqù. Bàngōngshì
矮，我们要低下头才能进去。办公室

de dìmiàn shì zhuāntóu pū de, bàngōngzhuō yě shì jiù
的地面是砖头铺的 [1]，办公桌也是旧

de, méiyǒu shāfā, yǒu jǐ zhāng fāngdèng.
的，没有沙发，有几张 方凳 [2]。

Lǐ Lì kànle kàn fángjiān de dōngxi,
李力看了看房间的东西，

wèndào: "Nǐ jiù zài zhèyàng de fángjiān li bàngōng?"
问道："你就在这样的房间里办公？"

Xiàozhǎng xiàoxiao, diǎnle diǎn tóu.
校长笑笑，点了点头。

Dà Míng shuō: "Zhè háishi zuìjìn liǎng nián cái
大明说："这还是最近两年才

yǒude bàngōngshì ne, yǐqián hái méiyǒu zhèyàng de
有的办公室呢，以前还没有这样的

tiáojiàn ne!"
条件呢！"

Lǐ Lì yòu wèn: "Nǐmen de lǐngdǎo yě bù
李力又问："你们的领导也不

guǎn?"
管？"

Xiàozhǎng xiào le: "Tāmen xiǎng guǎn, nǎr
校长笑了："他们想管，哪儿

1 地面是砖头铺的:
The floor is laid with
brick. It implies that
the school office is in
poor condition.

2 方凳: square stool

lái de qián ya！"
来的钱呀！"

　　Lǐ Lì jiēzhe wèn：" Nà wèi shénme yǒu qián zài
　　李力接着问："那为什么有钱在
chéng li xiū nàme gāojí de bīnguǎn ne？ Tīngshuō
城里修那么高级的宾馆呢？ 听说
hái yào xiū？"
还要修？"

　　Xiàozhǎng shuō：" Nà shì lǐngdǎo de shì，
　　校长说："那是领导的事，
zánmen zěnme zhīdào tāmen xiū shénme？"
咱们怎么知道他们修什么？"

　　Wǒ xīn xiǎng， kāishǐ tán tóuzī wèntí le，
　　我心想，开始谈投资问题了，
dànshì wǒ bù xiǎng xiān shuōhuà.
但是我不想先说话。

　　Dà Míng shēngqì de shuō：" Zhè hái yǒu shénme
　　大明生气地说："这还有什么
shuō de， yǒuxiē rén jiùshì xiǎng bǎi kuòqi， zhù
说的，有些人就是想摆阔气¹，住
qǐlái shūfu bei！"
起来舒服呗！"

　　Lǐ Lì wèn wǒ：" Nǐ zěnme tūrán huí lǎojiā
　　李力问我："你怎么突然回老家
lái le？"
来了？"

　　Wǒ xiàozhe shuō：" Kàn nǐ láile bei！ Nǐ
　　我笑着说："看你来了呗！你
shàng cì huílái， yě bù hé wǒ dǎ gè zhāohu，
上次回来，也不和我打个招呼，

1 摆阔气: show off one's wealth

xiánpín-àifù le ba?"
嫌贫爱富[1] 了吧?"

Tā yì tīng xiào le, zhǐzhe wǒ shuō:"Nǐ
他一听笑了,指着我说:"你

hái xiàng xiǎoshíhou nàme tiáopí." Ránhòu yòu shuō:
还像小时候那么调皮。"然后又说:

"Wǒ shàng cì huílái, xiǎng xiān dào lǎojiā kànkan,
"我上次回来,想先到老家看看,

zài dǎtīng yíxià lǎopéngyou de qíngkuàng, ránhòu zài
再打听一下老朋友的情况,然后再

yí gè yí gè de bàifǎng. Shéi zhī gāng lái méi jǐ
一个一个地拜访[2]。谁知刚来没几

tiān, jiā li jiù lái diànhuà ràng wǒ huíqù, shuō shì
天,家里就来电话让我回去,说是

yǒu zhòngyào de shì xūyào chǔlǐ, jiù lìkè huíqù
有重要的事需要处理,就立刻回去

le."
了。"

Wǒ yòu wèn tā:"Zhè cì nǐ zhème kuài huílái
我又问他:"这次你这么快回来

yǒu shénme shì ma?"
有什么事吗?"

Tā shuō:"Hái bú shì yīnwèi nǐ zhízi,
他说:"还不是因为你侄子[3],

Ruìshān! Zhè háizi zǒng xiǎng ràng wǒ gěi gùxiāng
瑞山!这孩子总想让我给故乡

tóuzī, wèi wǒmen de gùxiāng bàn diǎnr hǎoshì."
投资,为我们的故乡办点儿好事。"

Wǒ jímáng shuō:"Hǎo ya, zhè shì nǐmen
我急忙说:"好呀,这是你们

1 嫌贫爱富: dislike the poor and curry favor with the rich
2 拜访: call on
3 侄子: nephew

yìwàn fùwēng yīnggāi zuò de .”
亿万富翁应该做的。”

Tā yáole yáo tóu, tànle yì kǒu qì, shuō:
他摇了摇头，叹了一口气，说：

“ Shénme yìwàn fùwēng ? Jiùshì cúnle diǎn qián .”
“什么亿万富翁？就是存了点钱[1]。”

Tā wèn wǒ : “ Nǐ shuō wǒ tóuzī zuò shénme hǎo
他问我：“你说我投资做什么好

ne ? ” Tā hǎoxiàng zhīdào shì Ruìshān ràng wǒ lái de .
呢？”他好像知道是瑞山让我来的，

shì lái bāngzhù Ruìshān de . Tā zài gùyì de wèn wǒ
是来帮助瑞山的。他在故意地问我

ne !
呢！

Wǒ suíbiàn de shuō: “ Nà jiù kàn nǐ de jīngjì
我随便地说：“那就看你的经济

shílì le .”
实力[2]了。”

Tā kànzhe wǒ, shuō: “ Nǐ de zhízi xiǎng
他看着我，说：“你的侄子想

ràng wǒ tóuzī xiū yí gè gāojí bīnguǎn, nǐ kàn
让我投资修一个高级宾馆，你看

zěnmeyàng ? ”
怎么样？”

Hái méi děng wǒ huídá, Dà Míng zuòbuzhù le .
还没等我回答，大明坐不住了，

tā shēngqì de dà shēng shuōdào: “ Nǐ búyào tīng tā de !
他生气地大声说道：“你不要听他的！

Ruìshān zhè háizi zhè jǐ nián sīxiǎng biàn le , gēn biérén
瑞山这孩子这几年思想变了，跟别人

1 存了点钱: have some savings

2 经济实力: economic strength

xué bǎi kuòqì . Zhè jǐ nián chéng li xiū de dà bīnguǎn hái
学摆阔气。这几年城里修的大宾馆还

shǎo ma？ Tīngshuō lái bīnguǎn zhù de kèrén hěn shǎo , hái
少吗？听说来宾馆住的客人很少，还

bú dào yíbàn , zài xiū bīnguǎn yǒu shénme yòng , zhǐ
不到一半，再修宾馆有什么用，只

néng shì bǎi zài nàr ràng dàjiā kàn ma！" Lǎotóur
能是摆在那儿让大家看嘛！"老头儿

yuè shuō yuè shēngqì , zuìhòu dà shēng shuō："Lǐ
越说越生气[1]，最后大声说："李

Lì , nǐ qiānwàn búyào tīng tā de , jiù àn zánmen liǎng
力，你千万不要听他的，就按咱们两

gè rén de xiǎngfǎ bàn！"
个人的想法办！"

Wǒ gùyì wèn tāmen："Nǐmen liǎng gè rén yǒu
我故意问他们："你们两个人有

shénme xiǎngfǎ？ Shuō gěi wǒ tīngting ."
什么想法？说给我听听。"

Lǐ Lì zǎo yǐ kànchūle wǒ de xiǎngfǎ , zhīdào
李力早已看出了我的想法，知道

wǒ yě bú huì tóngyì tóuzī xiū bīnguǎn de , jiù duì
我也不会同意投资修宾馆的，就对

wǒ shuō："Duì tóuzī de wèntí wǒ xiǎngle hěn jiǔ ,
我说："对投资的问题我想了很久，

yòu gēn Dà Míng gē tǎolùn le , wǒmen juéde wǒ zhè
又跟大明哥讨论了，我们觉得我这

diǎnr qián háishi yīnggāi yòng zài xūyào de dìfang .
点儿钱还是应该用在需要的地方。

Nǐ dàgài yě dōu kàndào le , zán cūn qián nà tiáo
你大概也都看到了，咱村前那条

1 越说越生气: the
more he talks, the
more angry he is

tǔlù yīnggāi hǎohāor xiū yíxià le. Dàjiā dōu
土路应该好好儿修一下了。大家都

shuō 'yàoxiǎng fù, xiān xiū lù' ma, méiyǒu lù,
说'要想富，先修路'嘛，没有路，

zánmen Bǎinián Lǎocūn de qióng rìzi shénme shíhou
咱们百年老村的穷日子什么时候

néng gǎibiàn ya? Gāngcái cóng xiǎozhèn wǎng zhèr
能改变呀？刚才从小镇往这儿

lái, shíjǐ lǐ lù wǒ zǒule liǎng gè duō xiǎo shí,
来，十几里路我走了两个多小时，

nǐ zài kànkan zánmen Bǎinián Lǎocūn de xiǎoxué, gēn
你再看看咱们百年老村的小学，跟

yǐqián zánmen shàng xué nà shíhou yíyàng, méi shénme
以前咱们上学那时候一样，没什么

biànhuà. Dà Míng gē shuō, yóuyú xuéxiào fángzi
变化。大明哥说，由于学校房子

shǎo, hǎo duō háizi bù néng shàng xué, yǒude
少，好多孩子不能上学，有的

shàngle xué, yòu jiāobuqǐ xuéfèi[1], shàngbuliǎo
上了学，又交不起学费[1]，上不了

jǐ tiān yòu huí jiā le. Wǒ tīngshuō yǐhòu, yìzhí
几天又回家了。我听说以后，一直

shuìbuhǎo jiào, wǒ jiù xiǎng, wǒ méiyǒu tài dà de
睡不好觉，我就想，我没有太大的

nénglì, ràng Bǎinián Lǎocūn de háizi dōu néng dú diǎn
能力，让百年老村的孩子都能读点

shū, shàngwán xiǎoxué, yǒudiǎnr wénhuà jīchǔ,
书，上完小学，有点儿文化基础，

yǐhòu zài shèhuì shang zhǎo wǎn fàn chī[2] zǒng hái kěyǐ
以后在社会上找碗饭吃[2]总还可以

1 学费: tuition
2 找碗饭吃: make a living

ba ? Suǒyǐ , wǒ juédìng bàn zhè liǎng jiàn shì : Cóng
吧? 所以，我决定办这两件事：从

zánmen Bǎinián Lǎocūn dào xiǎo zhèn xiū yì tiáo shuǐní
咱们百年老村到小镇修一条水泥

mǎlù , ràng xiāngqīnmen jìn chéng 、 shàng jiē fāngbiàn
马路[1]，让乡亲们进城、上街方便

xiē ; lìngwài , bǎ zhè zuò xiǎoxué xiū yíxià , zhìshǎo
些；另外，把这座小学修一下，至少

kěyǐ ràng wǔbǎi gè háizi shàng xué … "
可以让五百个孩子上学……"

Tā de huà méi shuōwán , Ruìshān zài pángbiān
他的话没说完，瑞山在旁边

shuō : " Dàbó , zánmen cūn dàgài zhǐ yǒu sānbǎi
说："大伯，咱们村大概只有三百

gè xuéshēng , xiū nàme dà xiǎoxué gàn shénme ? "
个学生，修那么大小学干什么？"

Bù zhīdào shénme shíhou Ruìshān yě zhǎodào zhèr
不知道什么时候瑞山也找到这儿

lái le .
来了。

Dà Míng mǎshàng shuōle tā yí jù : " Nǐ jiù zhǐ
大明马上说了他一句："你就只

xiǎngzhe zánmen Bǎinián Lǎocūn zhège xiǎodìfang ma ?
想着咱们百年老村这个小地方吗？

Nǐ jiù bù néng yǒudiǎnr yuǎnjiàn ma ? Nǐ háishi
你就不能有点儿远见[2]吗？你还是

guīhuàjú júzhǎng ne ! " Tā shì kànzhe Ruìshān zhǎngdà
规划局局长呢！"他是看着瑞山长大

de , suǒyǐ cái néng zhèyàng pīpíng tā .
的，所以才能这样批评他。

1 水泥马路: concrete road

2 远见: foresight

Ruìshān zhàn zài yì biān bù shuōhuà le .
瑞山 站 在 一 边 不 说 话 了 。

Lǐ Lì duì wǒ shuō : " Wǒ jiù yǒu zhè diǎn
李 力 对 我 说 : "我 就 有 这 点

xiǎngfǎ , nǐ de yìjiàn ne ? Nǐ shì cóng Běijīng lái
想法, 你 的 意 见 呢? 你 是 从 北 京 来

de , yídìng huì yǒu gèng hǎo de zhǔyi . "
的, 一 定 会 有 更 好 的 主 意。"

Wǒ xiànzài hái yǒu shénme hǎo shuō de ? Kěshì
我 现 在 还 有 什 么 好 说 的? 可 是

Ruìshān ràng wǒ bàn de shì zěnme bàn ne ? Wǒ xiǎngle
瑞山 让 我 办 的 事 怎 么 办 呢? 我 想 了

yíxià , yǒule zhǔyi , wǒ gēn Ruìshān shuō :
一 下, 有 了 主 意, 我 跟 瑞山 说 :

" Nǐ zài zánmen lǎojiā gōngzuò , liǎojiě lǎojiā de
"你 在 咱 们 老 家 工 作, 了 解 老 家 的

qíngkuàng , nǐ lái shuōshuo ba ! "
情 况, 你 来 说 说 吧! "

Ruìshān xiànzài yǐjīng yǒule diǎnr gōngzuò
瑞山 现 在 已 经 有 了 点 儿 工 作

jīngyàn hé shèhuì jīngyàn , rén yě bǐjiào cōngmíng ,
经 验 和 社 会 经 验, 人 也 比 较 聪 明,

tā mǎshàng huídá dào : " Lǐ bóbo de xiǎngfǎ hěn yǒu
他 马 上 回 答 道 : "李 伯 伯 的 想 法 很 有

yuǎnjiàn , wǒ dāngrán tóngyì la ! Zhǐshì … "
远 见, 我 当 然 同 意 啦! 只 是……"

Lǐ Lì dàgài zhīdào tā xiǎng shuō shénme , jiù
李 力 大 概 知 道 他 想 说 什 么, 就

shuō : " Nǐ pà duì nǐ de lǐngdǎo bù hǎo jiāodài ba ?
说 : "你 怕 对 你 的 领 导 不 好 交 待 [1] 吧?

1 交待: explain; account for, here referring to Ruishan doesn't know how to report his work to his leaders

Nǐ fàngxīn, wǒ qù gēn nǐ de shàngjí shuō, yǐhòu
你 放 心， 我 去 跟 你 的 上 级 说， 以 后
zánmen hái yǒu hézuò jīhuì ma！ Qǐng tāmen
咱 们 还 有 合 作 机 会 [1] 嘛！ 请 他 们
fàngxīn hǎo le！"
放 心 好 了！"

Ruìshān de liǎn shang hǎoxiàng yǒule diǎnr
瑞 山 的 脸 上 好 像 有 了 点 儿
xiàoróng, dàn méiyǒu zài shuōhuà.
笑 容， 但 没 有 再 说 话。

Wǒ mǎshàng shuō：" Xiànzài dàjiā de xiǎngfǎ
我 马 上 说："现 在 大 家 的 想 法
yíyàng, wǒ de shì yě jiù bànwán le！"
一 样， 我 的 事 也 就 办 完 了！"

Dà Míng kànkan wǒ, wèn：" Shénme shì
大 明 看 看 我， 问："什 么 事
bànwán le？"
办 完 了？"

Wǒ shuō：" Nǐ wèn Ruìshān ba！"
我 说："你 问 瑞 山 吧！"

Lǐ Lì yì pāi shǒu, shuō：" Wǒ xiànzài míngbai
李 力 一 拍 手， 说："我 现 在 明 白
le, Qín Lì shì Ruìshān zhǎolái de."
了， 秦 力 是 瑞 山 找 来 的。"

Ruìshān de liǎn mǎshàng hóng le. Wǒ méiyǒu
瑞 山 的 脸 马 上 红 了。 我 没 有
zài shuō shénme. Yīnwèi zài zhèyàng de qíngkuàng xià,
再 说 什 么。 因 为 在 这 样 的 情 况 下，
búyòng zài shuō shénme le.
不 用 再 说 什 么 了。

1 合作机会: opportunity for cooperation

这时，房间亮了起来，出门一看，原来雨停了，天晴了，太阳出来了。往远处望去，一片片绿色的山；近看是一片片绿色的田野，看来今年一定是个丰收年[1]。

瑞山走过来问我："叔叔，您和李伯伯到哪儿休息？"

大明瞪了他一眼："当然是到我家里去！"

"这……"瑞山想说什么，但没有说出来。大明对他说："啥[2]这、啥那的？你是不是还想回到城里摆阔气，不愿喝我的玉米糊糊[3]？"

瑞山急忙说："不、不！我早就想喝一喝玉米糊糊了！"

1 丰收年: a year of a good harvest
2 啥: (dial.) what
3 玉米糊糊: corn mush

" Nà jiù hǎo .   Xiànzài zánmen jiù huí jiā qù .
"那就好。现在咱们就回家去。
Jīntiān wǒ zài jiā li qǐng nǐmen chī zánmen lǎojiā de
今天我在家里请你们吃咱们老家的
fàn ! "   Dà Míng gāoxìng de zǒu zài zuì qiánbiān ,   tā
饭！"大明高兴地走在最前边，他
zǒu de duōme kuài .   duōme yǒu lì ya ! Wǒ hé Lǐ Lì
走得多么快、多么有力呀！我和李力
jǐnjǐn gēnzhe tā .
紧紧跟着他。

This story is a simplified version of Cheng Shuzhen's short story 故乡的雨 (*The Rain of Hometown*), which was published in *Selected collection of Novels* (小说选刊), No.5, 2007.

About the author Cheng Shuzhen (程树榛):

Cheng Shuzhen is a member of the China Writers' Association and vice chairman of the China Reportage Association and writes under the pseudonym, Qin Mu (秦木). He graduated from the Mechanical Engineering Department of Tianjin University and once worked as an engineer. He holds several other positions in literature associations, including chairman of the Writers' Association of Heilongjiang Province and editor-in-chief of *People's Literature* (人民文学). He began to publish his works in 1951. His main works include novels 大学时代 (Dàxué Shídài, *College years*), 春天的呼唤 (Chūntiān De Hūhuàn, *The Calling of Spring*), 遥远的北方 (Yáoyuǎn De Běifāng, *The Remote North*); collections of novellas and short stories including 假如生活欺骗了你 (Jiǎrú Shēnghuó Qīpiànle Nǐ, *If Life Cheats You*); a collection of documentaries 黑土魂 (Hēi Tǔ Hún, *The Soul of Black Soil*); collections of prose 人间沧桑 (Rénjiān Cāngsāng, *Time-weathered of Man in the World*), 人生情怀 (Rénshēng Qínghuái, *Sentiments in Life*); and a collection of children's literature 闪熠在铁窗里的小星 (Shǎnyì Zài Tiěchuāng Li De Xiǎo Xīng, *The Small Star Twinkling in the Iron Window*). His works have won various awards, including the Government Award of Heilongjiang Province for 冰城之光 (Bīngchéng Zhī Guāng, *The Light of Ice City*) and the First National Reportage Writing Award and the First Award of Dangdai (当代) for 生活变奏曲 (Shēnghuó Biànzòuqǔ, *The Variations of Life*).

思考题 :

1. 故事中县城的宾馆怎么样?
2. 瑞山为什么把他的叔叔从北京请来?
3. 李力和 "我" 是什么关系? 他们为什么没有住宾馆?

4. 百年老村的小学很破旧，进城的路很难走。这些年来百年老村为什么没有变化？

5. 李力最后作出了什么决定？

6. 从哪些地方可以看出李力和"我"对故乡的感情？

汉语快速阅读训练教程（上、下）
A Course for Chinese Speed Reading (I, II)

▶ 汉英 Chinese-English edition
285×210 mm
I: ISBN 9787802006294
146pp, ￥65.00

II: ISBN 9787802006300
155pp, ￥65.00

MP3

MP3

MP3

汉语阅读课本——中国那些事儿
Pieces of China — A Reading Textbook

▶ 汉英 Chinese-English edition
285×210mm
ISBN 9787802006317
136pp, ￥69.00

中国古诗百首读
100 Ancient Chinese Poems

▶ 汉英 Chinese-English edition
ISBN 9787802003958
145×210mm
163pp, ￥39.00

MP3

诗词趣话
Stories behind Chinese Poems

▶ 汉 Chinese edition
145x210mm
ISBN 9787513800815
125pp, ￥19.00

• 图书推荐 •
Recommendations

中国名著简读系列
Abridged Chinese Classic Series
——家，春，秋
— Family, Spring, Autumn

汉英 Chinese-English edition, by *Ba Jin*

MP3   MP3   MP3

家
Family
ISBN 9787802003910
152pp，145×210mm
￥39.00

春
Spring
ISBN 9787802003927
144pp，145×210mm
￥39.00

秋
Autumn
ISBN 9787802003934
200pp，145×210mm
￥42.00

MP3

中国名著简读系列
Abridged Chinese Classic Series
——围城
The Besieged City

汉英 Chinese-English edition, by *Qian Zhongshu*
ISBN 9787802003903
196pp，145x210mm
￥38.00

· 图书推荐 ·
Recommendations

"老人家说" 系列
Wise Men Talking Series
汉英 Chinese-English edition

孔子说
Confucius Says
ISBN 9787802002111
201pp, 145×210mm
¥29.80

老子说
Lao Zi Says
ISBN 9787802002159
201pp, 145×210mm
¥29.80

孟子说
Mencius Says
ISBN 9787802002128
201pp, 145×210mm
¥29.80

孙子说
Sun Zi Says
ISBN 9787802002142
201pp, 145×210mm
¥29.80

庄子说
Zhuang Zi Says
ISBN 9787802002135
201pp, 145×210mm
¥29.80

晏子说
Yan Zi Says
ISBN 9787513801584
201pp, 145×210mm
¥35.00

管子说
Guan Zi Says
ISBN 9787513801447
201pp, 145×210mm
¥35.00

荀子说
Xun Zi Says
ISBN 9787513801423
201pp, 145×210mm
¥35.00

韩非子说
Han Fei Zi Says
ISBN 9787513801430
201pp, 145×210mm
¥35.00

墨子说
Mo Zi Says
ISBN 9787513801454
201pp, 145×210mm
¥35.00

For more information, visit us at www.sinolingua.com.cn
Email: hyjx@sinolingua.com.cn   Tel: 0086-10-68320585, 68997826
www.facebook.com/sinolingua   www.weibo.com/sinolinguavip

责任编辑：陆　瑜
英文编辑：范逊敏　吴爱俊
封面设计：古　手
封面摄影：陆　瑜

图书在版编目（CIP）数据

汉语分级阅读 . 1000 词 / 史迹编著 . —北京 : 华语教学出版社 , 2016.4
ISBN 978-7-5138-0831-6

Ⅰ . ①汉… Ⅱ . ①史… Ⅲ . ①汉语－阅读教学－对外汉语教学－自学
参考资料 Ⅳ . ① H195.4

中国版本图书馆 CIP 数据核字 (2014) 第 286255 号

汉语分级阅读·1000 词

史迹　编著

*

©华语教学出版社有限责任公司
华语教学出版社有限责任公司出版
（中国北京百万庄大街 24 号　邮政编码 100037）
电话 : (86)10–68320585　68997826
传真 : (86)10–68997826　68326333
网址 : www.sinolingua.com.cn
电子信箱 : hyjx@sinolingua.com.cn
北京玺诚印务有限公司印刷
2009 年（32 开）第 1 版
2016 年（32 开）修订版
2019 年修订版第 4 次印刷
ISBN 978-7-5138-0831-6
定价 : 49.00 元